Jürgen Schmid & Jengien Kowalskyi • Wie gehts uns denn

JÜRGEN SCHMID & JENGIEN KOWALSKYI

Wie gehts uns denn

Anekdoten

Bibliografische Information der Deutschen Nationalbibliothek
Die Deutsche Nationalbibliothek verzeichnet diese Publikation in der Deutschen Nationalbibliografie; detaillierte bibliografische Daten sind im Internet über http://dnb.d-nb.de abrufbar.

Rheinstraße 46, 12161 Berlin
Telefon: 0 30 / 76 69 99-0
www.frieling.de

ISBN (Print): 978-3-8280-3443-3

1. Auflage 2018
Umschlaggestaltung: Michael Beautemps nach einer Vorlage des Autors

Printed in Germany

Inhalt

Die Wahrheit ist eben kein Kristall, den man in die Tasche stecken kann, sondern eine unendliche Flüssigkeit, in die man hineinfällt.

Robert Musil

Ich kann sehr böse werden. Das geht aber auch schnell wieder vorbei. Ich sage mir: Alles, was Leute so sagen, anrichten oder unterlassen, ihr erbärmliches Bemänteln – alles nur Physik.
Was sind wir denn! Kohlenstoff, Stickstoff, Wasserstoff, Schwefel, Phosphor, Kalzium … , Materie eben. „Tote" Materie. Das ist Schulwissen. Was wir in der Schule nicht ausdrücklich gelernt haben: Materie ist gewissenlos. Sie macht vor sich hin, verlässlich, fehlerfrei und streng nach Gesetzen der Physik. Physik an sich findet nicht statt, sie ist nur *Wissen* in unseren Köpfen. Natur *weiß* nicht.
Mit dem Einwand, der Mensch sei mehr, als nur Materie, habe ich gerechnet und begegne ihm so: Was uns Menschen von unbelebter Natur zu unterscheiden scheint, ist nur der gewaltige *Abstand* unserer „Menschlichkeit" zur Physik. Nur Quantität.
Die Daseinsform der Materie ist Bewegung. Sie organisiert sich selbst. Kurz nach ihrem (von uns immer noch nicht verstandenen) Entstehen bestand sie aus Elektronen, Photonen und anderen Kleinstteilen, bei einer Temperatur von etwa zehn hoch elf Kelvin und ungeheurer Dichte. Später bildeten sich Atome, Moleküle und schließlich das Universum, wie wir es heute kennen.
Mit zunehmender Komplexität der Materie waren physikalische Gesetze entstanden, die es zuvor nicht gegeben hatte. (Das geht vermutlich heute noch so und, ebenso vermutlich, bis in alle Ewigkeit.)
„Tote" Materie evolutionierte beiläufig an einigen Orten zu „lebender". Gesetzmäßigkeiten, die in der Tat auf den ersten Blick nicht mehr rein physikalischer Natur sind, führten zu Pflanzen, Tieren, Verhalten, Sprache, und, in einem besonderen Zweig, zu Mensch, Verhalten, Sprache, Ethik, Kultur, Zivilisation.
Ungebundene Atome finden sich in lebender Materie kaum. Atome bilden Moleküle. Die wiederum bilden Zellen. Zellen sind die Bausteine des Lebens.
Intakte Systemgemeinschaften von Zellen (Organismen) leben im Zustand der ständigen Erhaltung eines Systemgleichgewichts durch das Wirken einer Vielzahl von Bedingtheiten, Funktionsketten und Regelkreisen (Druck, Temperatur, Konzentration usw.)
Menschen *sind* Systemgemeinschaften von Zellen. Alles, was in uns vorgeht, ist nichts anderes als das: Wirken und Wechselwirken objektiver physika-

lischer Gesetze an und in Molekülen und Zellen. Das kann man studieren. Launen,

Träume, Pläne, Wünsche, Neigungen, Ängste, Hoffnungen entziehen sich exakter Erkenntnis. Den Wissenshunger stillen windige Vermutungen, zweifelhafte Ordnungen und abenteuerliche Zerpflückungen.

Und doch nur Physik?

Nun ja. Physik. Sagen wir Angewandte Physik. Laborversuch.

Laborversuche können Schaden anrichten, wenn Physiker, Ingenieure und Assistenten nicht gründliche Kenntnis der Materie haben, mit der sie sich befassen. Ähnlich sieht es mit dem „Versuch" aus, der sich im Laufe der Evolution als Mensch herausselektiert hat. Kein anderer Säuger hat es so weit gebracht. Schaden *richten* wir an, das ist unbestreitbar. Und das in Bereichen, in denen wir als Tierart gar nichts zu suchen haben. Wir haben uns gewaltig ent-tiert. Selbst Versuch, stellen *wir* Versuche mit der Natur an, belästigen sie bis zur Vergewaltigung. Den angerichteten Schaden (sofern wir ihn überhaupt bemerken) reduzieren wir auf Zahlen und Fachbegriffe, die keiner versteht, oder, einfacher, auf die Überschreitung von „Grenzwerten", das wirkt beschwichtigend. Oder *noch* einfacher: Wir schweigen ihn weg. Kein Mensch lebt heute, ohne daran beteiligt zu sein. Sieben Milliarden Schädlinge, die nicht einmal zögern, *einander* zu schaden, wenn es passt.

Zurück zum Thema!

Haben wir Willensfreiheit? Nein! Jede Bewegung des Organismus und *im* Organismus dient der Erhaltung des homöostatischen Gleichgewichts. Wille ist Folge des Denkens. *Was* wir denken und wie wir denken, liegt nicht in unserem Ermessen. Wir nehmen nur einen geringen Teil des von den Denkzeugen in Arbeit Befindlichen wahr. Der größte Teil ist uns nicht zugänglich, vagabundiert, ordnet und vermischt sich und weht zufällig in unser Bewusstsein. Persönlichkeit – ein kathedralenfüllendes Rätsel. Wir sind das Produkt unendlich vieler Zufälligkeiten in unseren Bestandteilen. Mit einem Wort: Die Freiheit des Denkens und Wollens ist Fiktion.

Da sind wir also gar nicht verantwortlich für das, was wir sagen, tun oder unterlassen? Natürlich *sind* wir verantwortlich. Wir sind ja Gesellschaft und tun gut daran, uns deren Regeln gemäß zu verhalten. Verstoßen wir gegen sie, werden wir uns nicht damit entlasten können, wir seien dem Rauschen unserer Gedanken gefolgt.

Und? Lösen wir diesen Widerspruch irgendwann auf?
Nein, er ist artspezifisch. Durch ihn sind wir, was wir sind: Skurrile Einzelgänger, die das Alleinsein fürchten.

J. S, 13.1.18

Teil 1
Dunkles Loch nach dem Lärmen

Mittelpunkte

Lange Zeit kannten Menschen nichts anderes, als Menschen und Tiere ihrer unmittelbaren Umgebung und Kräuter und Rüben vor der Höhle. Glückliche, dumme Kindheit...Später, alles in der näheren Umgebung war auf- und abgefressen, gingen einige auf Suche. Mal bis zum Horizont und wieder zurück, mal weiter, ohne wiederzukommen... Noch später waren, wo einer nur hinkam, schon andere da. Die Erde war bewohnt.

Über der Erde, wo *keiner* hinkam, waren Sonne und Mond, Sterne, Wolken... der Himmel, die Welt von Göttern. Noch später gab es schon *Wissen* von manchen Dingen über der Erde, und die Erde war endlich eine flache Scheibe mit Kuppel. Später wurde die Erde zur Kugel und zum Mittelpunkt der Welt.

Anderthalb Jahrtausende später war sie es nicht mehr.

Ohne Mittelpunkt geht es nicht. Einen neuen Mittelpunkt suchen! Aber wo? Gut gemeint war der Gedanke, den Menschen in den Mittelpunkt zu rücken. Nun hätte alles gut werden können. Aber DEN Menschen gibt es gar nicht. Allerdings Milliarden davon. Alles Mittelpunkte.

Wir, die wir westlich-liberal-demokratisch-parlamentaristisch-wertegemeinschaftlich die Übersicht haben, schwören auf Wachstum (wohin nur?) und bestimmen Profit am Markt zum Mittelpunkt und machen alles zu Markt. Der wird's schon richten. Ist das schon Siedeverzug oder noch im Schnellkochtopf auf kleiner Flamme?

2017

Jedem bekannt

Einer verspricht das Blaue vom Himmel herunter und will Ihnen doch nur was andrehen: Einen Ladenhüter, ein Parteiprogramm, ein Auto (mit *noch* mehr Auto!)... und wir fallen immer wieder darauf rein.

Warum funktioniert das? Weil wir guten Glaubens sind, weil wir in nur wenigen Dingen wirklich bewandert sind und weil die Fähigkeit zu überreden immer besser organisiert, weiter und weiter vervollkommnet wird und den

Fähigkeiten des Durchschnittsmenschen, der unvermeidlich ebenso immer schlauer wird, immer um eine Nasenlänge voraus ist.
Wer gut überredet, kann Herr der Welt werden. Verbreitet ist die Meinung, das global vernetzte Kapital beherrsche die Welt. Falsch! Es sind die Überreder, Schönredner, Scharlatane! Die uns das U zum X machen und uns „Endverbrauchern" genüsslich und erfolgreich in die Tasche greifen. Nicht um zu stehlen, oh nein! es ist ehrlicher Handel: Geld für Surrogat.

2017

Namen

Wenn einer jeden Tag über irgendetwas eine Seite Text schreibt, dann ist das nach einem Jahr schon ein Buch. Es darf sogar nichts taugen, es ist ein Buch. In diesem Sinn ist das hier ein Buch.
Ebenso die „Ärztin". „E" ist nur ein vergessenes Heftchen. Das hat seine Bewandtnis, hab den Namen mit E vergessen.
Namen –
Namen sind schon Betrachtungen wert. Vor allem Familiennamen. Hühnerbein, Taubengleich oder Schlüsseldienst gehen ja noch an. Aber Gernsterber? Keiner heißt Gernsterber. Sie haben sich nach Berufen, Gewohnheiten, Merkmalen, Wohnsitzen oder sonst was genannt, nur um zu heißen. Aber Gernsterber – trotz Seufzens wegen Lebensüberdrusses und Verlusts von Besitz, Gernsterber hieß daraufhin keiner. Das heißt doch was.
Die Trägerin des vergessenen Vornamens mit E lächelte duldsam, dann nicht mehr … Ich hatte mit Geschick wirklich gut entwickelt, mit These, Durchführung und Schluss. Andererseits wundert mich das nicht. Eine spätere Trägerin, B, (nicht mehr E, ihre eigene Schuld) folgt ebenso ungern unwegsamen Abwegen und, und das sage ich ohne Verzücken, manchmal gehen sie auch mit mir durch. Dann ist das schon nicht mehr zu unterdrückende Einschlafen Bs erst recht Ansporn zu noch gründlicherem Untersuchen, Hervorheben und dialektischem Durchdringen – dann macht sie Tee, in Todesangst sozusagen, und wir reden gelassen über Tägliches.
Und wenn sie fragt: „Möchtest du ein Stückchen oder zwei?", und ich antworte: „Weder noch, aber drei", dann ist alles so weit ganz gut. Ich verab-

schiede mich mit der Bitte, sie solle keine Alpträume haben, am besten wäre es, du würdest versuchen, überhaupt nichts zu träumen. Warum ich gehe? B schläft unruhig und möchte keinen Zeugen haben. Mit mir schlafen ja, aber nicht mit mir schlafen. Manchmal bleibe ich doch da. Das sind die Tage, an denen ein sensibler Mensch dazu neigt zu glauben, aaaah, das ist sie, die andere Hälfte, die auch sucht.

2006

Keine Vorurteile

Ich glaube. Gegebenenfalls glaube ich nicht. Ich glaube nicht, dass in einem mit Fußballfanatikern gefüllten Sonderzug auch nur einer sitzt, der vor sich hinsagt „Wenn es ruhiger wäre, könnte ich …“ oder „Wäre Haydn Mahler gewesen …“.

Ich glaube nicht, dass jeder nach seiner Fasson selig werden soll. Es ist immer die Fasson der nächstgelegenen Gruppe, und Gruppen mancher Fasson kippen leicht Kioske um. Ich glaube, das Gute im Menschen – es wird schon wo sein, nur – warum ist es so schwer zu finden? Es ist zu klein.

Es gibt Verrichtungen und Verhalten, die sich nicht gehören. Das ist mit vollem Mund sprechen, jemandem das Wort im Mund umdrehen oder Kartoffeln mit dem Messer schneiden. Ich glaube, dass ein Mensch erst durch schmerzliche Erfahrung lernfähig wird. Und ich glaube nicht, dass gewinnend lächelnde Werbe-Lächler glückliche Lächler sind.

Aber sie gewinnen. Und die Verlierer tanzen dazu. Sie tanzen in losen Stapeln durch fremde Gegenden und gaffen, wie die Freikarte auf Othello gafft. Hab ich was dagegen? Ich habe, zum Beispiel, nichts gegen Ratten. Sie stehen nicht im Weg, haben keine üblen Begierden und sind nicht rechthaberisch. Ratten sind harmlos. Ratten glaube ich.

2006

Über Hoffen

Hoffen ist menschlich. Gänse hoffen nicht, Schaben hoffen nicht, Affen – wer weiß. Dann wäre Hoffen auch äffisch.

Voraussetzung fürs Hoffen ist ein Kalender mit Eintragungen. Oder eine andere Einrichtung, zum Beispiel das Gedächtnis, aber immer mit Eintragungen. Hoffen setzt Zeit-Denken voraus. Wir hoffen lebenslänglich. Was wir auch tun, wir tun es hoffend, bewusst oder unbewusst. Zukünftiges, selbst in der nächsten Zehntelsekunde, ist ungewiss. Alles Zukünftige ist mit Wahrscheinlichkeiten verbunden, erst die Gegenwart gewordene Zukunft ist Gewissheit (und im selben Augenblick schon Vergangenheit). Ohne Gedächtnis wären wir Schaben. Alles, was wir tun, ist behaftet mit einem uns bewussten oder nicht bewussten Halo der (hoffenden) Erwartung. Im täglichen Verrichten schrumpft die zu einem alltagsnotwendigen Ersatz: der *vorwegnehmenden* Gewissheit.

So essen wir, spielen, lieben, bauen Brücken und schreiben Briefe ... Hoffen ist ungefähr das Menschlichste, was wir uns so leisten.

Über Hoffen im engeren Sinn

Ich hoffe, du liebst mich. Dann liebe ich dich auch.

2012

Über Floskeln

Erstmal schlage ich im Thesaurus nach, worüber ich schreibe.

Floskel, vom lateinischen flosculus: Blümchen, Zierde. Im Taschen-Hainichen steht noch Blütchen.

Floskeln müssen nicht leer sein, eine gewisse Leere ist ihnen dennoch eigen. Sie ermöglichen den Kontakt zwischen Fremden, zuallererst sind sie nichts als Formeln, entmilitarisierte Imitate eigener Meinungen, Verbindung stiftend und in der Phase der Erstbegegnung das einzig Zugelassene. Ihre re-

lative Leere regt natürlich zum Missbrauch an. Der Extremfall ist jemand, der ausschließlich in Floskeln redet. Den gibt es.
Die meisten Floskeln einer sprachlichen Gemeinschaft bilden den dem Grundwortschatz analogen Grund-Floskelschatz. In jenem gibt es Wörter, deren Gebrauch als mehr oder weniger tabuisiert gilt, in diesem gibt es Floskeln, hinter deren Gebrauch Hirnschwäche schimmert.
Im Gegensatz zu Wörtern, die lautneutral sind, sind Floskeln gerade das nicht, also bewertbar.
Nach jahrelangem Floskelhören beurteile ich die Floskel „Was soll's" als minderwertig. Sie ist billiger Wortplunder.
Schlimm ist, wenn ein geachteter Mensch vor geachteten Menschen, im Affekt, im Zustand des routinierten Nicht-Nachdenkens, das sagt. Es hängt ihm im Kreis von Nichtflosklern hinfort an, als hätte er öffentlich uriniert und alle wären dabei gewesen. Schlimm für ihn, der sich deswegen zergrämt, aber zu spät.
Ausgesprochenes Pech ist es, wenn ein geliebter Mensch – ich frage: „Liebste, haben wir's nicht gut?" Und sie sagt: „Hmja – ich sag mal … was soll's." Was tun? Sag mal!
Bin ich Formalist? Das macht den Tiefschlag nicht erträglicher.
Flucht? Sofort? Sonst ist sie ja lieb.

2003

Augen aus der Nacht

Ich war nicht immer da. Es ging ohne mich. Fünfzehn Milliarden Jahre lang. Was da passiert ist, weiß ich vom Hörensagen.
Jetzt bin ich da. Und? Was so alles passiert, weiß ich ebenso nur vom Hörensagen. Es geht ohne mich. Die Auswirkung meines Da-Seins geht gegen Null.
Wenn ich lethargisch wäre, könnte ich der ewigen Zukunft ohne mich gelassener in die Augen sehen, die ewigen.
In die Augen sehen – leuchten Augen aus der dunklen, ewigen Zukunft? Katzenaugen?
Vergessenes Wort: Katzenaugen. Das waren dicke rotglasige Linsen, reflek-

tierend hinterlegt, rückwärts gerichtet, hinten am Fahrrad. Die leuchteten dem, der hinter einem fuhr. Vorausgesetzt, der fuhr mit aktivem Licht, nach vorn gerichtet, nachts.
Aber, sagt zum Beispiel Edgar, aber das gibt's doch noch.
Das weiß ich selbst. Nur ist der Name verschwunden. Und ich weiß auch warum. Weil Katzenaugen grün sind und der Name falsch war.
Ewige Zukunft ohne mich – ewiges Nichts – ewige Nacht – unerträglich der *Gedanke*. Der *Zustand* ist *erträglich,* glaub mir.

2002

Über Maßstäbe

Meine Großmutter ist 1880 geboren, 1963 gestorben. Da war ich sechsundzwanzig. Über die Lebensumstände zu ihrer Zeit weiß ich so viel, dass mir nicht so ist, als sei das alles lange, lange vor mir gewesen. Hundert Jahre sind ein fassbarer Zeitraum.
Mit gutem Willen könnte ich sagen, das europäische Mittelalter? – das war doch erst gestern. Oder vorgestern. Mit Mittelalter verbinden wir im Allgemeinen Finsternis, Willkür, Unbildung und Kriege.
Und heute? Größerer Energieumsatz, mehr Fahrzeuge ohne Pferd, wesentlich mehr Menschen und mehr Armut, schlimmere Kriege … ist irgendwas besser geworden?
Aber in der Bildung, da sind wir doch vorangekommen, oder nicht? Doch, doch – schon – nur – wir verwechseln Bildung mit Wissen; unser Wissen ist ja nicht in unseren Köpfen. Es liegt in Bibliotheken, in Archiven, kleine Teile werden immer wieder vorgeholt und gelehrt und vergessen. Am Ende wissen wir noch, dass wir dies oder das mal wussten. Wissen der Menschheit – in unseren Köpfen ist es nicht. Bildung – dass wir Auto-Kenntnisse haben statt Pferdewagen-Kenntnissen, ist das Bildung?
Oh ja! Die allgemeine Schulpflicht gibt es. Durch sie ist der Umstand eingetreten, dass keiner den anderen versteht, denn es gibt kein vereinigendes Lehren. Alle, die lehren, lehren nach windigen behördlichen Vorgaben, die Anleitungen zu Experimenten sind, aber keine Lehrpläne. Schulbehörden und Senatsverwaltungen wetteifern um das beste Experiment, nicht mehr

um hohen Bildungsstand der Schüler und Studenten, wollen aber das Beste, nehmen wir das mal an. Aber was das ist, das *Beste* – da darf jeder wollen, was er will. Und das will er dann auch.
Frieden mit Gott oder, was dasselbe ist, ein gutes Gewissen gegenüber Lebendem und aus Leben Hervorgegangenem, gegenüber allem, was DA IST, stiftet kein Bündnis mehr. Wir sind ja ausgeprägte Individuen. Schmerz- und aufgabenfrei aufgewachsene, bündnisresistente, selbstgemachte Individualisten ist richtiger. Die Folge sind ebenso viele „Lehrpläne" wie Behörden.
Der statistische Mensch kann lesen, schreiben, kennt ein bisschen Elementar-Rechnen und weiß, dass Gegenstände fallen, wenn sie keiner befestigt hat. Mehr Gemeinsames ist nicht da. Aber alle haben mal mehr gewusst, wenigstens vor Prüfungen. Ich behaupte, die allgemeine Schulpflicht und die Offenheit der Hochschulen und Universitäten für alle hat die Bildung nicht wesentlich angehoben. Andererseits ungeheures Wissen produziert. Der Mensch, unverändert seit Zehntausenden Jahren, hat sich in ameisenhaftem Mit- und Gegeneinander sein Heim so zerwuselt, dass er sich selbst nicht mehr darin wohlfühlt.
Allerdings, er weiß wirklich etwas mehr, aber dadurch ist ihm alles zu klein: er sich selbst, da spielt er Sieger und Großredner. Seine Welt – da sinnt und trachtet er in immer höhere Höhen, in immer weitere Weiten. Er übersieht im Dauerfest grundloser Fröhlichkeit seine Kinder oder verausgabt sich in blinder Liebe, ohne jedes Verständnis für sie, und gafft in fremden Ländern Leuten in die Fenster, die ihn eigentlich nichts angehen.
Europa vor sechshundert Jahren – da hat natürlich nicht nahegelegen, Menschheit als Ganzes zu betrachten, sondern mehr als Gottvaters diverse Schafherden. Mit Ober- und Unterschafen, versteht sich.
Schätzungsweise vierzig Millionen Menschen. Heute: hundertmal mehr. Jene „Menschheit" war überschaubar organisiert, denn es gab nur überschaubar viele soziale Parameter: arm – reich, Klerus – Nicht-Klerus, höhere Abkunft – niedere Abkunft. Noch was?
Wenn in früheren Zeiten, bleiben wir ruhig im Mittelalter, die menschlichen Verrichtungen und Funktionen vom Tag-Nacht-Wechsel, vom Wetter und von den Jahreszeiten, und vor allem in der kalten Jahreszeit auf kleinen Raum und auf kleine Räume beschränkt waren, so herrschen heute Lebensweisen vor, wenigstens hier im heimischen Europa, die mit naturgegebenen Erlaubnissen fast nichts mehr zu tun haben.

Und was der Mensch treibt, das treibt er ja nicht vermöge seiner drei, vier Kilowattstunden, über die er bioenergetisch an einem Tag verfügen kann. Und er erzeugt längst nicht mehr nur seine paar fäkalischen Abfälle, die Mutter Natur in vergangenen Zeiten gern und mit Dank zurückgenommen hat. Oh, er hat wirkungsverstärkende Verfahren erfunden, mit denen vorsichtig umzugehen er wirklich gut beraten wäre. Knopfdruck: Baum weg. Knopfdruck: Straße weg, Wald weg, Berg weg, Stadt weg, Menschheit weg – Sieh auf seine Industrien, seine Kriege, seine Transportleistungen ... er ahnt aber schon was. Oder so: einige ahnen. Sie ordnen in aller Eile ihre Ahnungen nach Schwerpunkten, suchen in meist englischen Wörterbüchern nach Namen für die Ahnungen, die nun nichts als bunt angestrichene Gemeinplätze sind, und – ja, davon kann man leben! In der deutschen Politik ist das Radebrechen auf Englisch noch nicht so gefragt, da ist ja der finanzielle Reiz noch bescheiden, desto leerer sind ihre *deutschen* Phrasen und Wendungen. Nun ja, die Politik stürmt ja nicht voran. Aber Management und Industrie stürmen, und in ihrem Schlepptau stürmen Friseure, Werber, Kanalreiniger – und immer auf Englisch. Nein! Nicht in englischer Sprache! Dazu sind sie zu – hier klemmt die Tastatur, zu – na, muss ja nicht sein, würde auch beleidigen. Also nicht in der fremden *Sprache*, nur in fremden Wörtern, nicht wirklich verstandenen. Und englisch sind die Wörter nur versehentlich, gemeint sind sie amerikanisch. Und das Widernatürliche ist: Diese Wörter werden Begriffe. Das nun wieder sind Pisa-Folgenetze, zwei links-, zwei rechtsbündig – das ist der Mensch. Seine Sache. Das wirklich arme Schwein ist die arme Erde, das arme Schwein. So eine Last dulden müssen ... aber sind ja nicht alle so. Jetzt hab ich die Richtung verloren. Nein, das lass ich so nicht stehen. Das wirklich arme Schwein ist, na? Das wirklich arme Schwein ist der Mensch, der selbstbestimmte, der das alles macht und mitmacht.
Das sieht schon besser aus.

2006

Vollkommenheit

Was ist vollkommen? Ist ein Fußpilz weniger vollkommen als ein Steinpilz? Ist der Spatz weniger vollkommen als der Mensch?
Vollkommen im Sinne von unübertroffen ist alles in der belebten und unbelebten Natur. Jedes Ding, jedes Lebewesen nimmt genau *den* Platz ein, ist gerade genau *so* beschaffen, wie die an ihm und in ihm wirkenden Gesetze bewirken. Die Gesamtheit aller Erscheinungen im Universum ist so sehr ein vollkommenes Ganzes, wie jede einzelne Erscheinung dieses vollkommene Ganze auf seine Weise mit vervollkommnet. Nichts fehlt. Nichts ist überflüssig. So, wie er ist, funktioniert der Kosmos so, wie er funktioniert. Ein Meteor, eine gewittrige Entladung, ein Saturnring, ein sterbender Schwan … alles ist vollkommen, indem es ist. Alles?
Der Kosmos zeugte den Menschen. Der war zunächst nichts weiter als das Ergebnis ewiger Bewegung und Wandlung.
Da war er. Von nichts gewollt. Da war er. Und gleich war Unzufriedenheit im Universum. Seitdem geht alles nur um ihn. Er beobachtet, benennt, sammelt, räumt um, probiert, verändert, rechnet und erfindet.
Er hat den Unterschied zwischen nützlich und schädlich erkannt und in anthropomanischer Willkür die Kategorien Gut und Böse erfunden. Indem er mit Hilfe dieses Tricks urteilen kann, beurteilt er alles Übrige gleich mit. Und sein Urteil lautet: Die Welt ist nicht so, wie sie sein sollte.
Es ist, als wäre das Universum, viele Milliarden Jahre im Zustand unbewusster Unschuld, in den selbstverschuldeten Zustand einer Krankheit geraten. Krankheitsbild: Unvollkommenheit. Krankheitserreger: der Mensch. Der inzwischen zur Mensch*heit* herangewachsen ist, inhomogen, selbstbekämpfend und jeder anderen Intelligenz auf der Erde überlegen.
Außerordentlich egomanisch. Ohne Ego. Und gegen alles, was vor seinem Auftritt niemanden gestört hat. *Er* stört die Nahrungsketten, *er* stört die Regelkreise der unparteiischen Natur, die er nur misstrauisch duldet. Er stört und schadet. Den Schaden, sofern die Folgen des Schadens seine Pläne durchkreuzen, versucht er zu reparieren mit der Folge weiterer Schäden, weiterer Reparaturen, weiterer Schäden … heilbar ist die Krankheit nicht.
Der Mensch ist nichts Geringeres als ein Wunder. Die Mensch*heit* ist ein kosmischer Missgriff. Als solcher ist sie wiederum vollkommen.

2002

Brusendorf

Hier ist ihr Friedhof. Hier kommen sie zur Ruhe, wenn sie nicht mehr Auto fahren. Sonst fahren sie Auto. Hierher auch.
Ich will lesen und ein Zettel fällt aus dem Buch. Darauf steht

Jetz icke.

Ob der Berliner (und die andern, die in dem ost-westlichen Landstrich von Frankfurt bis Genthin großgeworden sind) Scheu vor Einsilbern hat? Er muss ja mal ja sagen, wenn es so weit ist, und sich mit „Hier!" melden. Macht er ja auch.
Er neigt eher zum Verkürzen. Au bleibt auf halbem Weg bei Ao stehen, Ai bei Ae und Oi wird zu Oö. Das wird er nie los. Aber die Einsilber?
Seine Zahlen von eins bis zwölf (mit Anmerkung, kommt noch) werden durch ein stumpfes End-e zu Zweisilbern erweitert, ja, die Sieben, die ursprünglich schon zweisilbig ist, wird erstmal auf siebm oder auch siem verkrüppelt, um danach erst sieme zu werden. Aus zwölf wird zwölwe, aus elf wird elwe. Aus fünf wird übrigens fümwe. Und jetzt die Anmerkung: Dieses End-e wird nur dem isolierten (geeigneten) Einsilber angehängt oder dem (geeigneten) Einsilber einer syntaktischen Gruppe:

Ick jehe, aber: Icke? Jetze?

Drin wird drinne, aber druff wird nicht druffe. Karl wird Kalle, Kurt wird Kutte, aber Roy wird nicht Reue.
Wenn Berlinisch mehr Ruf- als Sprechsprache ist (die Leute unter meinem Küchenfenster lassen diese Vermutung zu), dann ist die Verzweisilbung möglicherweise Kampfmittel gegen Informationsschwund bei großen Entfernungen. Warum Paul aber Paul-*e* werden muss, bleibt mir verdunkelt. Ginge ja auch mit o. Aber jetzt würde er wieder fragen, „warum mit o?" Die richtige Frage lautet: Warum musste Paul verlängert werden und Dirk nicht! Kann sein, das End-e ist ein rudimentärer Vokativ. Wie wär's denn damit? Ein vereinsamtes kleineres Mädchen hab ich mal nach der Mutti rufen gehört. Vor der Kaufhalle: Mutti-e!
Sieht ganz so aus.

Oder

– Mutti!
–
– Mutti-e!
– Ja, mein Kleines?
– Meine erste Vase ist fertig.
– Da warst du aber fleißig.
– Grün-rot – aber sonst, wie du gesagt hast.
– Du bist mein liebes Töchterchen.
– Willste mal sehn?
– Warte … warte, Liebes. Ich muss jetzt zu Paula.
– Immer gehste weg.
– Ich muss, Leonore, ich muss. Bin schon spät dran.
– Andre sind nicht so.
– Aber Leonore! Fängt das wieder an!
– Du bist gemein.
– Und du bist sehr ungezogen. Geh auf dein Zimmer. Und um acht bist du im Bett.
– Jaja, ich geh ja schon. (geht)
– Immer dieser Knatsch! Wann nimmt das ein Ende, oh Gott!

Da erscheint mir das End-e gar nicht mehr rätselhaft. Es ist auch Notsignal.

2003

Noch was zum Berlinern

Das erlernt man, wie andere Mundarten auch, nur an Ort und Stelle. Ich spreche jetzt nicht darüber, ob einer, der es mal versucht hat, nicht doch schnellstens von seinem Vorhaben absehen sollte. Berlinern ist Sprechen auf energetisch geringstem Niveau. Lähmungen im sprechapparativen Teil des Kopfes rufen Berlinern hervor. Mit einem Wort: Warte, bis dir einer auf genaue Weise auf den Dez haut, schon berlinerste. Nun zum G.

Dem Berlinischen ist das G fremd und wird ersetzt durch j oder r oder stimmloses r wie in Schlach oder durch stimmloses j wie in Sarch.
Ick sach mal. Aber: Ick sare jarnüscht mehr (mit ü wie in Mütze).
Mia is wat inne Ooren jefloren. Aber: Sitzt du uff deine Oan? Ist ja nicht schwer, nur – aufschreiben musste ich das mal. Ich kann nichts darüber sagen, wie Gnade berlinisiert wird. Oder Glimpf.
Oder, und das ist ja nun kein Fremdwort, grün.

2006

Axiom mit Schweif in Golßen

Eine Ein-Personen-Zuhörerschaft, die mit dem Vortragenden identisch ist, ist stets der gleichen Meinung wie der Vortragende.
Wenn Ablehnung gepfiffen wird, pfeift der Vortragende. Wenn applaudiert wird, applaudieren alle.
Den jetzt folgenden Text habe ich mir unter der obigen Bedingung angehört, später durchgelesen und sage es gleich: Der ganze Anfang war unpassend. Der ging so: Jeder will ein Auto. Keiner will das Auto.
Erstmal war es ganz still. Das kennt man ja. Da liegt was in der Luft. Wenn er jetzt nicht die Kurve kriegt (eigentlich „kricht" mit kurzem i) – na ja. Aber da wurde unter nachdenklichem Nachgeben das eben Gesagte schon eingezogen. Zurückgenommen genaugenommen.
Da war es weg. Und Vakuum war da. Das musste ich mit was anderem ausfüllen. Hiermit:
Zwei Aussagen, zweimal „Auto" und ein Antagonismus: Alle wollen, was keiner will, und außerdem ist das Auto nicht der Nabel aller Dinge. Hab ja selbst eins. Und das ist gut so. Es bringt mich wohin. Wohin ich will? Ebendas gerade nicht.
Ich wollte nach Lübben und stehe jetzt in Golßen auf dem Marktplatz. Und das ist auch kein Vortrag. Nur aufgeschriebenes Nachdenken. Und richtig gesehen nicht mal das. Denken ist ja schneller als aufschreiben. Überhaupt nicht grammatikalisiert, flüchtig und immer nur körnchenweise greifbar durch Zeit-Stopp und also *nicht* greifbar. Die beklagenswerte Folge ist: alles Lüge. So gesehen ist Eigenidentität Lüge. Ist, was wir im Selbstgespräch hören,

Lüge, und natürlich alles, was wir anderen sagen. Anders ist es nicht. Und Gegenteiliges ist nicht zu erwarten.
Euphemisierend kann „Lüge" durch „Dichtung" ersetzt werden. Bitte! Aber immer steht vor jedem Gedruckten, immer lautet der erste Satz des Gesagten: Jetzt wird gelogen (oder eben gedichtet).
Gedruckt wird dieser Satz nicht und gesprochen wird er nicht. Das ist darum nicht nötig, weil alle die Kenntnis haben. Ohne es zu wissen. Desto gewalttätiger *wird* gelogen. Berichten, beschreiben, wegstreichen, empfehlen, aktenkundig machen, aufrufen … nie ohne Lüge (oder eben Dichtung).
Ich wollte also nach Lübben und bin aber in Golßen auf dem Marktplatz, wo ich das hier schreibe. Schön ist es hier. Nicht zu glauben, dass es das zwischen Wäldern, Feldern und Weiden und Ställen gibt. Allein das Rathaus: ein städtisches Schmuckstück. Später Barock. Und mit Bürgerstolz, noch ungewohntem, teuer restauriert. Da ist Schönheit beteiligt. Und weil das Rathaus schön ist und weil die Bäume den Platz davor in liebliches Junigrün tunken – ich fühle mich nachbarlich erwärmt, städtebaulich erfreut und sehr nahbar.
Und warum bin ich nicht in Lübben?
Deswegen: Waldweg gesperrt (frei für Forstwirtschaft), Feldweg gesperrt (frei für Feldwirtschaft), Allee aus dem vorigen Jahrhundert gesperrt (frei nur mit Sondergenehmigung) ... gesperrt, gesperrt, gesperrt.
Die Erdober*fläche* ist für den Autofahrer auf ein Netz von *Linien* reduziert, die er nun allerdings, als Ausgleich zum *Flächen*-Diebstahl, mit desto mehr Wut berast. Kompensationsstau. Immer aufgebracht, immer aufdringlich, immer demonstrativ: Du Idiot! So fährt man! Mach wenigstens Platz! Idiot!
Autofahren ist Jagd. Jagd nach Eigenbedeutung, Jagd auf jeden anderen, insbesondere auf den, der eben gerade nicht jagt. Oder falsch jagt.
Kein Wunder, dass diese Leute keiner liebt. Sie mögen sich ja selbst nicht. Sieh in die verbissenen Visagen.
Sie erlegen in einem Jahr allein in Deutschland zwei-, dreitausend Menschen, eingerechnet die, die wegen Selbstüberschätzung selbst dabei krepieren. Eine schöne Bilanz. Es geht einfacher. Mit vergleichbarem Ergebnis. Das hat sich gezeigt. 3000 auf einen Streich!
Hier wie da ist das Motiv Besserwisserei. Ich weiß nicht, was Autofahrer von Attentätern unterscheidet. Jetzt hab ich gelogen. Absichtlich. Ich weiß es ja. Diese sollen nicht, jene dürfen.
Das Feindliche am Auto ist sein Fahrer.

Das Störende am Auto ist sein Lärm.
Das Bedrohliche am Auto ist seine Fratze.
Die wiederum wird seinem Insassen immer ähnlicher. Oder er ihr. Es ist ein geschlossener Kreis. Gewalt, Grimm, Kriegsbereitschaft …
Und der Lärm! Auf Landstraßen und Autobahnen dominiert Pfeifen der Bereifung. Ab 200 km/h werden auch Motoren hörbar. Glücklich getunte Motoren schon bei unbewegtem Auto. Das militarisiert auch den langsameren Dorfverkehr. Und unterstreicht den Status des Fahrers: wichtige Persönlichkeit. – Persönlichkeit –
Nicht gerade freigestellt, nein, nein, verboten ist das schon. Aber kein Hahn kräht mehr danach, es sind schon zu viele.
Auto macht Angst. Nicht das eigene. Das andere. Wer sitzt denn drin? Den Fußgänger hinter mir kann ich einschätzen, der Autofahrer ist getarnt. Ich erfahre nicht den Grad der Rachsucht, nicht das Alter, nicht Geschlecht oder ethnische Herkunft. Wie viele sind es? Vernünftig ist, wer sich davonmacht.
Darum werden Autos immer schneller.
Es flieht sich besser. Es jagt sich besser.

2003

Schade um den Neandertaler

Er wäre der bessere Mensch geworden. Abgedrängt, überholt, sicher auch aufgefressen … er war besser. Als *Mensch.* Nicht pfiffiger, *das* war der h. Sapiens. HERR Sapiens. Homo sapiens mit dem Führungsgen.
Nach vorn! Nach vorn! Vorn sein! – Ist es da vorn besser?
Ist es nicht. Aber das Führungsgen –
Und schiebt, quengelt, schießt sich nach vorn, seine Eminenz, der Herr Sapiens. Frag ihn nach dem Antrieb, da antwortet er unverblümt und entwaffnend: Ach, nur so. Einfach nur vorn sein, instinktiv, das will doch jeder.
Übel? Nein, übel nimmt ihm das keiner. Wer denn auch! Sind ja alle so. Sagt er ja selbst. Ist eben so.
Der Neandertaler, Ehre seinem Andenken, der Neandertaler wäre besser gewesen. Wenn er jetzt vor der Tür stünde – ich würde sagen: Na, du Affe?

2004

Carla, Carla (C ist Carla)

- Tach, Herr Nimmes!
- Tach! Tachchen! – Schön heute … aber in – Carla, wie hieß das, wo wir
- C: Sri Lanka!
- Ja! – Ja doch! – Das war ein Wetter!
- So weit weg waren Sie?
- Und ob! – Wieso? Wieso weit?
- Na, Sri Lanka! Sind sie eben erst zurückgekommen?
- Ja, schon – aber weit weg? Carla, sag du mal, ist das weit weg?
- C: Ich hab geschlafen. Das war nicht Sri Lanka. Wie kommst du denn – der Film gestern Abend – wir waren in
- Müncheberg?
- Haha! Das ist gut! München! Ein bisschen weiter war's schon!
- Mit dem Auto?
- Nein, Busreise. Also Sri Lanka war's nicht.
- Mauretanien?
- Mauretanien? – Klingt vertraut – Mauretanien – Carla! Mauretanien?
- C: Weiß ich's? – Austria! Da waren wir! Wo die Seufzerbrücke
- Schatz, hör auf. Die ist in Neapel. Da waren wir nie!
- C: Nepal!!
- Nepal? Ist das weit?
- C: Weit!!
- Und – Festland?
- C: Schon, ja …
- Sechzehn Stunden Busfahrt?
- C: Mehr!!
- Nee, Nepal nicht – jetzt weiß ich's: Norwegen! So ein Wetter! Ich sage noch, Carla, sag ich, so ein Wetter, da waren die zwei Wochen schon um.
- C: Drei Wochen! Drei Wochen waren wir da! Und nicht in Norwegen! In Marseille waren wir!
- Ja, voriges Jahr! Aber jetzt doch nicht! Erwin war da. Das ganze Bierzelt … Nein, nicht in Marseille! Das wüsst' ich doch! – Nürnberg!! Wir waren in Nürnberg!

- Jedenfalls haben Sie sich erholt, das ist das Wichtigste. Wenn Sie so vom Wetter schwärmen, war's eben einfach schön.
- Und mehr sagen Sie nicht?
- Doch, das noch: Reisen ist schön und Reisen bildet. Ich beneide Sie. Ich beneide Sie alle beide.
- Na, das ist doch was. Wenn Ihr Neid ehrlich ist, bin ich hocherfreut. Carla! Wir rufen gleich nachher – oder morgen. Hat ja Zeit, na, wir müssen weiter. Bis zum nächsten Mal.
- Ich versichere Sie meines herzlichsten Neides.
- Freut mich, freut mich – na los, Carla!

2004

Chihuahua, du Hund

oder wie man nicht zu einem gesuchten Wort kommt

In einem alten Lehrbuch, noch aus der Schule, finde ich diese Übungsaufgabe: Nenne Wörter, die einen Klettervorgang bezeichnen. Dann die: Wie kann man ein unbehagliches Empfinden ausdrücken?
Seit gestern habe ich eine ähnliche Aufgabe. Der ich nicht gewachsen bin. Die ich aber lösen will. Sie lautet: Finde ein Wort für die akustische Absonderung aus einem Mund. Beachte, dass die unmittelbaren Folgen des Anhörens tödlicher Schreck mit heftiger Übelkeit sein sollen.
Schwache Beispiele: bellen, blaffen, pracken, gröllen (das ist zeitlich gerafftes, dadurch verdichtetes Grölen) –
Ja, das wäre schon was.
Was ich suche, muss natürlich ein Ein-Wort-Begriff sein. Krellen ginge. Kripfen? Nein, das a muss dominieren, der Urlaut aller Laute ist mit Sicherheit a. Allenfalls ein sehr offenes ä. Brätzen? Schrellen (als Kausativ zu schrillen)? Knällen (wieder kausativisch)?
Überhaupt alles zu – friedlich. Ich suche den mündlichen Handkantenschlag, die akustische Schrotladung ins Hirn.
Was ich suche, muss noch eine weitere Eigenschaft haben: Es muss die

blitzkurze Umwandlung von Mensch zu Ungeheuer vermitteln, den Abwärtssprung aus Kultur in Wildheit, Zerriss, Zerplatzung, Entordnung …
Ich erzähl's einfach.
Spätsommerabend in der Gensinger Straße nach einem beruhigend lauen Tag ohne Absurditäten. Da ist es still zwischen den Blöcken. Alle haben ihren Sommer gehabt und haben keine Eile mehr. Gelassen wird der Herbst erwartet, es ist, als fände im nächsten Augenblick Natur statt. Alles ist – lieb, wenn ich verstehe, was ich meine. Und – ah, da ist noch jemand auf der Straße. Mann mit Hund. Nun ja – schon komisch, die beiden. Der Mann austauschbar: Sofakleidung, wie einer eben mal schnell vors Haus geht, massig, ältlich … aber der Hund! Chihuahuas zählen ja nicht eben zu den Großen, aber der hier ist nicht viel größer als ein Meerschweinchen. Und stremmt im Widerstand die Leine. Fünfhundert Gramm auf gegengestemmten Beinen gegen hundert Kilogramm gleichgültige Zugmaschine. Er ist einfach nicht da! Mit „komisch, die beiden" hab ich mich vertan.
Also, der kleine Chihuahua ist gar nicht ausgeglichen. – Vorbei. Sie sind vorbei.

Und nach zehn, zwölf Metern krellt der auf seinen Hund: Ausmensch!!
Das: Ausmensch!
Ich hatte die beiden schon vergessen. Schreck – Schreck sagt man so, mir gings viel schlimmer. Dabei war *ich* nicht mal gemeint.
Was hebt dieses einzelne Ereignis heraus?
Es ist eben gerade kein Einzel-Ereignis. Es ist übliche, tägliche Gewalt gegen Schwächere: Menschen, Hunde, Hündchen, und am Ende, vor dem Verglimmen, klitzekleine Chihuahuas, dauervergewaltigt und entwertet.
Ausmensch! Und mit welcher Wut! „Krellen" ist zu schwach. Ich habe die Aufgabe nicht gelöst.
Da gehen sie, Ziehender und Gezogener, Herr und Sklave, Hammer und Amboss. Und ich? Ich bin vielleicht nur dadurch besser, dass ich keinen Hund habe.

2003

Wie gehts uns denn

- Na, Herr Tiegel ! Wie gehts uns denn, zeigense mal her, ja, so.
- Na ja – wenn ich den Kopf hängen lasse, da, sehnse mal.
- Ach das, so, ja, legense sich mal hin, hier, mit dem Kopf nach oben, so, ja, sehr schön. Und jetzt – ganz still liegen – , Frau Merlins, machense doch mal die Akte – ja, der Hopfenreiter, der mit der – rufnse doch mal die – ja, heute, seh ich gerade, rufnse mal die
- Au!
- Aha! Tja, das sieht nicht gut aus – rauchen Sie?
- Schon, ja, so an die
- Ja, damit müssnse aufhörn, setznse sich mal wieder hin, so, ja – wie lange habnse denn das schon?
- So an die
- Wir machen mal Folgendes. Ich schreibe Ihnen hier was auf, das nehmse – oder anders: Kommse mal – könnse morgen? Heute is ja hier – sprechnse mal mit Frau Merlins, die gibt Ihnen einen Termin, gehts so? Ja? Ja, die Schuhe.
- Ach, wissnse, wenn
- Ja, machen wirs so.
- Und – rauchen *Sie,* Doktor Schmelzer?
-
- Also, ich komme morgen. Ich machn Termin mit Frau Merlins.
- Wiedersehn, Herr Tiegel, kommse morgen.
- Mach ich. Tschüs dann.
- Ja, tschüs – Frau Määr– lins!

2003

In aller Härte

Zunächst einmal – und glauben Sie doch nicht, meine sehr verehrten Damen und Herren, es ist ja nicht allein Pisa.
Meine sehr verehrten Damen und Herren, hierzulande, und glauben Sie mir, ich selbst würde. Wir haben nichts gegen begründete Absichten. Aber im

Gegenzug. Was ist denn die Alternative? Wir werden NICHT, meine sehr verehrten Damen und Herren, wir glauben ja selbst daran, meine sehr verehrten Damen und Herren. Lassen Sie mich nun, und besonders Sie, meine sehr verehrten Damen und Herren, Deutschland ist kein Standbein. Das muss uns genügen. In aller Deutlichkeit. In diesem ehrwürdigen Haus haben sich, das sage ich ganz offen, Herr Unschneider, von der Selbstgefälligkeit eines nicht mehr hinzunehmenden, aber das ist bei Ihnen ja Tradition. Wir werden, und: Es fehlt doch hinten und vorne. Wir als Regierungsverantwortliche stehen dazu. Meine sehr verehrten Damen und Herren, in diesem unserem gemeinsamen Boot, meine Damen und Herren. Ja, ganz recht, Herr Wäger, ich bin ja nicht taub, aber so lassen Sie mich doch, aber nicht doch, Herr Bundestagspräsident, meine sehr verehrten Damen und Herren in diesem ehrwürdigen Haus. In den achtziger Jahren, unter Ihrer Ägide, aber gewiss doch, das können Sie gern tun. Lesen Sie – aber so – lesen Sie, nur das sage ich Ihnen, ich habe immer noch das Wort, meine sehr verehrten Damen und Herren, aber ja, das werden Sie NICHT. Das WERDEN Sie, warten Sie nur ab. Ich komme nun zum Schluss meiner Ausführungen. Ich danke Ihnen.

2004

Nein, das kann ich so nicht – nein, anders: Den kann ich so nicht stehenlassen. Ich habe ihm Unrecht getan, indem ich ihn so verzerrt habe. Seit über drei Jahren schwatzt er das Obige, und warum komme ich jetzt auf ihn zurück? Weil er dasteht wie ein Narr und ich mir gedacht habe, er kann das erklären, wenn ich ihn ent-zerre. Nein, er entzerrt sich selbst. Er sagt:
Wenn ich in diesem Bundestag eine andere Sprache spräche, vielleicht wie in der Familie oder wie jetzt mit Ihnen – ich wäre einfach – nicht da. Sehen Sie, jeder Lebensbereich hat ja seine spezifische Sprache, das wissen Sie so gut wie ich. Denken Sie an die juristische Kanzleisprache. Wenn ich die nicht beherrsche, existiert meine Klage nicht, da kann ich mich totklagen. Das ist so. Das verantwortet niemand, denn es ist seit Jahrtausenden so. Ich bin zwar frei und darf sagen, was ich sagen muss. Da gibt es allenfalls Gegenmeinungen. Ich bin aber nicht frei in der Wahl der Sprache. Was ich allerdings da oben gesagt haben soll – trauen Sie mir das zu? Wirklich? Ich bin doch kein Idiot!

Nein, ist er nicht. Aber gesagt hat er's. Steht ja da.

2007

Keine ganze Biographie 1

1961 oder 1962 fuhr ich mit dem Motorroller, meine Mutter (Mutti) auf dem Rücksitz, nach Löcknitz. Siebzehn oder achtzehn Jahre waren vergangen, seit wir Löcknitz verlassen hatten. Sie mit meinem Bruder Achim und mir. In Löcknitz bin ich eingeschult worden. Mit viel Gram. Der Schulweg war vielleicht dreihundert Meter lang. Mutti rief mich zurück, dann weinten wir, dann ging ich wieder los, Mutti rief mich zurück und wir weinten. Achim, älter als ich, war schon längst da. Ich war Muttis Letzter. Die Zeit bis jetzt hatte ich auf ihrem Schoß verbracht. Achim, später, sagte so: Da saß ja immer Jürgen schon.

Ich war der Geringste in der Klasse. Der Kleinste, der Jüngste und – aus Berlin. 1943 waren Fremde in Löcknitz noch nicht bekannt. Wir waren „Evakuierte", ordentlich notiert, aber eben Fremde. Löcknitz ist ein Dorf mit kleinstädtischem Charakter.

Weil ich aus Berlin war, war ich nicht nur der Geringste, ich war auch der Prügelknabe in der Klasse. Jede Gruppe hat ein bestimmtes Potential an Häme, Schadenfreude, öffentlicher Wirksamkeit. In die Schulmappe steckten sie mir allerhand Schweinereien und sangen Schmid, Schmid, Schmid, mit der Gum-mi-titt.

Ob ich gelitten habe? Ich hatte ja einen Freund: Peter Zahn. Peter war klein wie ich, wohnte im Schwarzen Weg und half mir nie. Aber er war mein Freund. Er war, wie ich, einer der gering Geachteten. War das unsere Freundschaft? Nein, durch „dick und dünn" sind wir nicht gegangen, wir waren nur öfter zusammen als mit anderen.

Unsere Lehrerin, wir hatten nur die eine, hat mich gehasst. Die Prügelstrafe war erlaubt. Und sie prügelte mich.

Ich kenne mich Damaligen nicht mehr sehr gut. Sicher ist, ich war ohne Bosheit und lernte und machte meine Hausaufgaben wie alle. Auch sie ist mir nicht sehr gut in Erinnerung geblieben. Sie muss ältlich gewesen sein, drahtig, aber ob dreißig oder sechzig, könnte ich nicht sagen. Sie trug einen Dutt, war glühender Nazi und vermutlich vernachlässigt. Ich hasste sie zurück. Wie man mit sechs Jahren eben hasst. Ungeschickt hasst. Dafür gab es Prügel. Das ging so:

Im Klassenzimmer stand ein Bock aus Holz, so einer, auf dem man Boote ablegt, der immer auch für andere stützende oder anhebende Aufgaben

geeignet ist. Über diesen Bock hatte man sich kniend zu beugen, die Hände reichten kaum zum Boden, mit runtergelassenen Hosen, den nackten Hintern zur Klasse – wir waren Jungen und Mädchen. Geprügelt wurde mit einer Gerte, kann sein, mit dem sprichwörtlichen Rohrstock. Ob Fräulein von Bredikow eine gute Prüglerin war, weiß ich nicht mehr. Ich hatte als Kind doch nicht die Begriffe des Erwachsenen. Sie prügelte mich. Exekutionen an anderen? Keine Erinnerung.
Später, lange nach Kriegsende, hat sich in meinem Kopf befestigt, sie sei von Leuten auf der Straße erschlagen worden. Mein Gerechtigkeitsgefühl hat diese Genugtuung gebraucht.

Die Randow fließt an Löcknitz vorbei. Dann durch eine Brücke, dann durch Löcknitz. An dieser Brücke hielt regelmäßig, kann sein täglich, der Pferdewagen mit dem Brotmann. Ich ging oft, Brot bei ihm zu kaufen. Keine zweihundert Meter weit. Woher er kam, ob er Löcknitzer war – keine Erinnerung. Gegen Kriegsende kamen immer öfter Züge mit Soldaten durch Löcknitz. Mutti sagte, arme junge Bengels, die nichts vom Leben gehabt haben und an der Front sterben werden. Sie waren laut, leichtsinnig, lustig – der Zug wartete vor runtergeklapptem Signal.
Mutti war mit uns am Bahndamm, und sie lachten und winkten und hatten Sehnsüchte. Mutti war Ende dreißig, hübsch, mütterlich mit zwei Jungen – Mutti war schön. Und die mütterlichste Mutter, die ich kenne.
So gings 1944 nach Osten. Auf Schiene und Straße. Hier waren es vor allem Panzer mit aller notwendigen Begleitung: Gulaschkanone, Feldbäckerei, Werkstattwagen mit Schmiede und Soldaten, Soldaten, Soldaten …
Sie blieben zur Nacht, buken Brot, lärmten … und wir Kinder wurden von einem zum andern gereicht, buken selbst. Kerniges „Kommissbrot“, hart, säuerlich und ohne Schmeichelei.

Da, wo die Randow erstmal an Löcknitz vorbeifließt, hatten wir eine Badestelle, die Schütt. Der Weg zur Schütt ging durch den alten Kirchhof. Auch hier spielten wir oft, erledigten auch unser Geschäft. In Marthas Haufen wimmelten weiße Maden, die begutachteten wir wissend, jeder kannte das von sich. Jetzt war es eben Martha.
Alle hatten zu Haus ländliche Abtritte: Sitzbrett mit kreisrundem Ausschnitt über einem Jauchekübel und einer Ausräumöffnung. Wir mussten

über den Hof, um den herum Getreidespeicher standen, durch eins der Gebäude durch (Durchfahrt mit Kopfsteinpflaster), dahinter, noch im Gebäude, war das – nun ja, das Scheißhaus. Das hieß eben so. Wer anders dazu gesagt hätte – nein, so wird es falsch. Es gab kein Austauschwort. So wenig wie für Kirche oder Randow. Mutti, in ganz Löcknitz wohl die Einzige, die Klo sagte, verbot uns das gebräuchliche Wort.
Hinter dem Durchgang, wieder im Hellen, mussten wir noch an Ställen vorbei und an einem giftigen weißen Hahn.
In der Enge da unten, vor der Ausräumöffnung, lauerten wir in lautlosem Drängen nach dem besten Platz … Reine Kinderei, unschuldig und derb.
Alle Erinnerungen an Löcknitz sind sommerlich. Wir müssen doch mindestens einen Winter da verbracht haben. Merkwürdig – Und zweitens: Alles war schön. Das ist ebenso sonderbar. Es gab doch viel Bedrückendes. Das hat unsere Mutter absorbiert. Wir, Achim und ich, waren glückliche Kinder, sogar unter Beschuss. Später davon.
Wir waren also ordnungsgemäß evakuierte Berliner und hatten natürlich Anspruch auf angemessenen Wohnraum. Das Zimmer, das Onkel Herrmann uns gegeben hatte, war vielleicht zwei mal drei Meter groß. Bett und Ofen, mehr war nicht drin. Haben wir alle drei in dem einen Bett geschlafen, hatte mein Bruder eine Liege? Die müssten wir abends unter dem Bett vorgeholt haben. Weiß ich nicht mehr.
Nach dem Onkel selbst war es die Behörde, bei der Mutti sich beklagte. Den schicken wir ins Konzertlager. Das wollte sie auch wieder nicht. Da blieb es, wie es war.
Onkel Herrmann, einer der Reichsten im Kreis Pasewalk, hat nicht viel Freude verteilt. Desto härtere Kopfnüsse. Er schlug kaltblütig. Beim Mittagessen Martha das Gesicht in den Teller mit Brühe.
Nur Mittagessen war gemeinsame Mahlzeit.
Uschi, Mariannes und Marthas Schwester, spielte in unserem Leben eine sehr kleine Rolle. Zweijährig und Bettnässer, lebte sie in einem Zimmer, in dem es stank. Außer ihrem Bett gab es in diesem Zimmer nichts. Marianne aber stand da und sang Klingelingeling, die Post ist da, Klingelingeling nach Afrika.
Marianne war in Achims Alter. Näher stand mir Martha. Sie war in meiner Klasse und lehrte mich, mit großen, zeilenfüllenden Buchstaben zu schreiben, damit eine ganze Seite vollzuschreiben keine schwere Arbeit wird.

Überhaupt war Martha herzlich mit mir. Wir hatten, ich weiß nicht was, aber wir hatten was Gemeinsames.

Als ich dann wieder in Löcknitz war, sechzehn Jahre später, mit meiner Mutter, entdeckte ich, dass Löcknitz, ganz Löcknitz, mir vertrauter war, als ich erwartet hatte. Da muss ich doch ganz schön umtriebig gewesen sein. Mit Achim? Mit Peter Zahn? Mit Martha?
Löcknitz hatte zugelegt. Das Neue kannte ich natürlich nicht. Aber da war die See-Badeanstalt, in der Achim unserer staunenden Mutti zeigte, dass er schwimmt. Die tausendjährige Eiche, das Stadion, der Bahnhof, der Güterbahnhof, auf dessen Gleisen damals an die zehn stillgesetzte Lokomotiven rosteten. Eine hinter der anderen. Auch stand nicht mehr dieses Förderband, einachsig, an dem wir das Wippen an Förderbändern erfanden. Wir mussten hochspringen, uns dranhängen und geschickt wegspringen, ehe der sinkende Teil unten aufkrachte. Achim hat sich dabei ein tiefes nichtblutendes Loch im Knie eingehandelt. Wie wir da reingekuckt haben!
Ja, und das Stadion, in dem ich nie was erlebt habe. Das zu Aufzügen benutzt wurde, an Feiertagen sicherlich, von HJ und Pimpfen. Wir waren da nicht bei. Und doch war es mir sehr bekannt. Auch sowas Bemerkenswertes.
Und das Gebäude mit dem kleinen Saal war noch da, in dem die Kinder von Löcknitz ihre Weihnachtsfeiern hatten. Da gab es auch eine kleine Bescherung. Jeder bekam was. Ich nicht. Durch Irrtum. Ich muss sehr geweint haben. Mutti reklamierte. Da kriegte ich doch noch was.
Seit jenem Ereignis ging öfter was schief in meinem Leben: Verwechslungen, Vergessungen, abhanden gekommene Dokumente … immer war ein kleines Pech hinter mir her. Bis ich so zwei-, dreiundzwanzig war. Ist auch denkbar, ich redete mir das nur ein und anderen geht es in dem Alter ebenso. Jedenfalls hatte ich diese fröhlich-misstrauische Idee, und ich habe nicht ein bisschen gelitten.

In manchen Nächten standen wir auf dem Bunker. Was das war, der Bunker? Eine Grube unter Holzbalken, darauf Erde. Berlin brannte und der Himmel war rot.

Ein paarmal waren wir in Berlin. Mutti hatte ihre Mutter da, Oma, die ich später sehr geliebt habe. Oma sagte, ich bleib hier. Was soll mir schon

passieren! Bring dich und die Kinder in Sicherheit. Später, nach dem Krieg, als wir wieder in Berlin wohnten, in unserer Wohnung, die wir gelegentlich besucht hatten und in der noch eine Zeit lang andere Leute wohnten, Untermieter, hat Oma mir viel aus der Zeit 1942 bis 1945 erzählt. Viel Grausiges. Na, ein bisschen Kriegs-Berlin hatten wir ja selbst noch erlebt, vor Löcknitz. Von Löcknitz nach Berlin mussten wir zunächst nach Stettin oder nach Pasewalk. Von hier gab es dann einen D-Zug, immer zum Stettiner Bahnhof. Wir dreckten ein, meine vollgekackten Hosen warf Mutti aus dem Fenster, und Schienen und Räder heulten in dieser charakteristischen Resonanz-Frequenz, ich hielt mir die Ohren zu.
In Löcknitz waren wir Evakuierte. Dann, von der Behörde in Löcknitz zum Fliehen aufgefordert, waren wir Flüchtlinge. Wie unsere Mutter uns zusammengehalten hat, wie sie bei dem zunehmenden Durcheinander die richtigen Züge rausgefunden hat. Sie konnte es mir nie so erklären, dass sie als große Organisatorin erschienen wäre. Aber sie war eine. Magdeburg, Halle, Nordhausen … Schlafen in Unterführungen auf Bahnhöfen, Fahrten auf offenen Güterwagen … einer dieser Güterzüge, mit dem *wir* gerade fuhren, wurde von Flugzeugen beschossen und brannte aus. Wir, im Wald dann, dicht dabei, waren gerade so davongekommen und kuckten.
Tote? Sicher! Schreien, Laufen Sammeln … nur weg! Leben! Am Leben bleiben! Das Leben unter solchen Bedingungen wird einfach. Angst? Mutti muss sehr viel Angst gehabt haben. Um uns Kinder vor allem, um sich, um ihre Mutter – um ihren Mann (unseren Vater), irgendwo „in Russland" –. Angst – die Angst des Erwachsenen gründet auf Erfahrung. Die Angst des Kindes wird erst durch jenen bewirkt. Die Bilder, die diese Angst speisen, bestimmt der. Wo er das Richtige tut oder so tut als ob, vertraut das Kind ihm wie ein Haustier. Die Begriffe für das, was wirklich droht, gewinnt es wachsend.
Wir haben, viel später, zu Haus, oft und oft über all das geredet. Da war schon vieles vergessen. Vieles hatte schon andere Merkmale angenommen. Also redeten wir schon nicht mehr über das Erlebte, sondern darüber, wie wir das Erlebte erinnerten. Das geht nicht anders und ist, nebenbei gesagt, die Ursache für die vielen unterschiedlichen Darstellungen von Ereignissen, die dann in ihrer Gesamtheit „Geschichte" heißen.

In Magdeburg ging ein Pullover verloren, in Halle meine Emaille-Tasse mit Mickymäusen … Mutti hatte inzwischen Verbindung mit Silvia und deren Mann Alfred. Die waren in Langelsheim gelandet. Kommt doch her!
Bei Nordhausen liegt auf einem Berg die Schnabelsburg. Auf dem Weg dahin kommt man am Konzentrationslager vorbei. Für uns war es einfach ein Lager. Mit Gefangenen. Was waren denn die Menschen um uns herum: Soldaten und Nichtsoldaten, Fangende und Gefangene, Suchende und Bescheidwissende. Ich glaube, die Liste ist vollständig. Mutti wird mehr gewusst haben. Hatte ja „Konzertlager" nicht vergessen. Wir passierten das Lager, Häftlinge sahen auf uns, wir auf sie –
Über Nacht, vielleicht einige Tage, blieben wir auf der Schnabelsburg. Achim und ich spielten draußen. Und einmal ein Knall, dröhnendes Pfeifen … Wir sind auf den Hintern gefallen. Ich lüge nicht. Die Leute da, die wussten Bescheid: V2! Aber so ein Lärm auch! Wir hatten schön gespielt, Dämme gebaut im Kloakenwasser – das wird gestunken haben. Was wussten wir schon vom Stinken. Wir stanken ja wohl selbst.

*

Keine ganze Biographie 2

Langelsheim, Nord-West-Harz. Bis Goslar acht Kilometer. Wir fanden ein Zimmer. Im Nebenhaus wohnten Silvia und Alfred. Kinderlos.
Das war ab Mitte bis Ende '44. Da gingen wir auch bald zur Schule. Einklassenschule mit *einem* Lehrer. Das war vermutlich kein Lehrer, sein Amt hieß so (alles in allem waren wohl alle Leute in Ämtern Ersatz-Leute). Der also machte sich die Arbeit nicht schwer. Wir legten die Hände vor uns auf den Tisch und Lehrer Schulz ging durch die Gänge und schlug mit einem Stock hier und da auf Finger. Nicht so, dass die Finger brachen, aber auch nicht so, dass wir dabei lächeln konnten. Was lernten wir darüber hinaus? Katechismus. Ein religiöser Gott, der Lehrer Schulz. Nun – das alles war verdrießlich, aber nicht wirklich schlimm. Wir blieben ja ganz.
Zu den Kindern unserer Straße hatten wir natürlichen Kontakt. Zunächst hatten wir bei den Schlachten gegen die von der Mühle mitzumachen. Da

gabs keinen Zwang oder Aufnahmeritus. Wir wohnten hier, das genügte. Außerdem machte das ja auch Spaß.
Unter Kindern ist keins außerhalb. Es gibt keine Isolation eines einzelnen, sofern sie nicht von Erwachsenen durchgesetzt wird. Der Geprügelte, der Gehänselte, der Verächtliche, sie sind – nicht gleichberechtigt, unter Kindern gibt es Gleichberechtigung nicht. Sie sind da. Dadurch gehören sie dazu. Ich sage damit nicht, ihr Leben sei leicht. Ich sage, dass Kinder unter Kindern immer am gesellschaftlichen Leben beteiligt sind. Und jederzeit kann die gegenwärtige Funktion des Einzelnen in der Gruppe morgen eine andere sein (unter Voraussetzungen natürlich), weil das Geschichtsbewusstsein des Kindes kurz- und mittelzeitlich, nicht langzeitlich orientiert ist. Anders unter Erwachsenen: Die können andere aus der Gemeinschaft wirklich *ausschließen*. Ich meine nicht wegjagen. Ich meine das Isolieren von Menschen *in* einer Gruppe *von* der Gruppe.
Kinder unter Kindern leben menschlicher als Erwachsene unter Erwachsenen.

Einer in der Straße ragte heraus. Werner Knoke. Er war in Achims Alter, gebrauchte in einer Prügelei gern das Messer und war sehr von sich eingenommen. Und auf eine giftige Weise flink. Wir Kleineren standen daneben, wenn die beiden aneinandergeraten waren. Folgenschweres ist nicht passiert. Sie waren ja erst zehn.
Nach dem Ende des Krieges wurde es Mode, auf der Innersten und auf unserer kleineren Grane mit selbstgebauten Booten oder Flößen zu fahren. Dazu wurden Staudämme errichtet. Kinder errichteten Staudämme in den Flüssen und veränderten das Leben aller. Das war keine Kinderdiktatur, nein. Kinder sind auch Leute, die Vorstellungen vom Leben haben, wie die anderen auch nur. Naturgemäß wurden diese Dämme von anderen eingerissen, auch von den Großen, aber – worüber ich gar nicht reden wollte und was ich so deutlich noch nie ausgearbeitet habe – in jenem Langelsheim waren Kinder und Erwachsene auf eine Weise gleich, wie sie mir später nie wieder begegnet ist. Heute sondern wir die Kinder auf seltsame Weise aus der Gesellschaft aus, indem wir immer mehr Sonderzuwendung für sie erfinden, immer mehr Sonderschutz – als wäre die Gesellschaft nicht in ihrer Gesamtheit fragil, schutzbedürftig und schützenswert. Wir denken gruppenbezogen, über das Gesamte fehlt uns der Blick.

Diese Diskriminierung – sie ist gutgemeint, aber ein Zeichen von Hilflosigkeit und Schwäche. In der Angst, irgendetwas zu vertun (Kriegsfolge, Nachkriegstrauma), wird alles in einen Topf geworfen: Kinder, Schwule, Juden, Jäger, Schauspieler … alle müssen hervorgehoben geschützt werden. Da stimmt nichts mehr. Übergüte ist keine Tugend, sondern Liederlichkeit.

Langelsheim – dicht dabei ist ein kleines Kalkgebirge. Keine siebzig Meter hoch. Der Karnstein. Steilhang zur Innersten und auf der Rückseite sanft abfallend bis zur Vermischung mit dem übrigen Harz.

Der Karnstein war unser bevorzugter Spielort. Ein Hohlweg führte da herab: die Arschkarre.

Wir hatten einen Hinterreifen von einem Trecker, in dem konnten wir uns zusammenkauern. Wer sich traute, rollte die ganze Arschkarre runter, über die Straße, bis zur Innersten. Ich stand daneben, Achim hats gemacht, Werner Knoke auch.

Nach dem Krieg – aber wie ging der denn zu Ende? In Langelsheim war nie Krieg gewesen. Das ist die Antwort. Also gab es auch kein „Kriegsende", sondern einen „Zusammenbruch". Über den waren die Leute bekümmert. Verblüfft waren sie, ja, aber dass der Krieg zu Ende war, löste kaum Freude aus. Vielleicht sind Langelsheimer Söhne und Väter im Krieg verkommen, die werden schon beweint worden sein, später. Ob aber mit – Einsicht? Von meinem Anliegen abschweifend erwähne ich, dass „Zusammenbruch" statt „Kriegsende" noch in den fünfziger Jahren gebräuchlich war. Auch in Berlin.

Nach dem Krieg also bauten wir unsere Flöße, setzten Land unter Wasser – ah ja, steht ja schon da. Wir halfen bei Plünderungen von Büros, Fabriken und einem Kinder- Landverschickungslager.

Davon hatten wir einen gewissen Gewinn. Einen Pulli davon habe ich bis 1948 getragen. Bis August 1945 mussten Berliner wieder in Berlin sein. Das wussten wir irgendwoher. Im Juni '45 war Deutschland bereits geteilt, die Grenze markiert und – leider, leider – von sowjetischen Posten härter versperrt als von Engländern, Franzosen oder Amerikanern. Das sollte so – oder sinngemäß so, die Verhältnisse an den Grenzen haben sich ja später geändert – bleiben, bis 1989 die letzte Okzidentalisationsphase begann, der Anfang eines langen, schleimigen Abhandenkommens von Vertrauen bei sehr viel sozialem Engagement, bezahltem (!).

Nun, in Walkenried, passierten wir die west-östliche Grenze, das ging nicht leicht.
Achim war in einem Alter, in dem sich Kinder selbst die Erlaubnis erteilen, Mütter zu kritisieren, die an einem Flüsschen Pfefferminze sammeln. „Da hinten schießen sie, und du sammelst Pfefferminze." Sie schossen, aber auf andere. Am Schlagbaum dann war er es allerdings, der des jungen Russen Herz weichredete, dass dem nichts blieb, als sich mit einem ihn selbst erleichternden „Los riba!" froh zu machen. In der Ostzone angekommen, weinten wir alle drei. Wir waren zu Hause.
In Langelsheim hatten wir aber noch Sachen, um die es unserer Mutter leidtat. Wir also über die „Grüne Grenze" wieder in den Westen. Diesmal bei Helmstedt. Es war noch Nacht, als – nein, so: Wir hatten den ganzen Tag versucht zu erfahren, wo denn überhaupt die Grenze sei. Mutti fragte das einen vorbeikommenden russischen Offizier mit Fahrrad.
Ach, du arglose Mutter! Er hat sie nicht erschlagen mit dem Fahrrad. Aber als Droh- und Wutgebärde das Fahrrad über dem Kopf – das war schon was. Oh Gott, war der wütend. Vielleicht haben Achim und ich unserer Mutter das Leben gerettet, einfach dadurch, dass wir – Kinder waren.
Wie hatte sie – woher nahm sie die Kraft und die Findigkeit, die sicheren Wege, die passenden Züge zu finden, zwei Kinder festzuhalten und auch noch Gepäck zu transportieren. Sicher, Achim und ich, wir hatten natürlich jeder unseren Rucksack und sowas. Für Schwereres hatten wir einen Kinderwagen. Den und das Gepäck trug unsere Mutter, an jeder Hand ein Kind, nachts, auf dunklen Wegen, und jedes Geräusch konnte den Tod bedeuten, über die Grüne Grenze in den Westen. Um zwei, drei Uhr hatte sie erfolgreich einen Führer ausfindig gemacht, dessen Gruppe noch nicht vollzählig, aber doch groß genug war, dass ein gutes Geschäft zu machen, und noch nicht so groß, dass der Erfolg gefährdet war wegen zu vieler Atmender, zu vieler anderer unvermeidlicher Geräusche. Diesen Führer überredete unsere Mutter, dieser seinerseits überredete den Führer einer anderen Gruppe – was rede ich da! Sie haben sich einfach abgesprochen: Du wartest. Ich geh zuerst. Du zehn Minuten später.
Fünf Minuten nach unserem Aufbruch hörten wir da, wo wir hergekommen waren, Schüsse, Schreie … was war denn in jener Zeit ein Mensch? Schießender oder Erschossener, Fliehender oder Verfolger, Gewinner oder Verlierer.

In Langelsheim, in der Granestraße, hielten wir uns dann nicht mehr lange auf. Unsere Wirtsleute hießen übrigens Oppermann, hatten Frau Oppermanns sehr alte Mutter bei sich, die unter ihren langen Röcken (fünf?) im Stehen urinierte, im Hof, und das war ganz in Ordnung, hatten, wie alle, ihr Päckchen zu tragen und eine Ziege, von deren Milch wir abbekamen, wenn es sich traf, und von deren Butter auch für uns übrig war, wenn wir beim Buttern die Zentrifuge gedreht hatten.
In Göttingen dann lebten wir ein paar Tage in Nissenhütten. Wie wir nach Berlin gekommen sind, weiß ich nicht mehr. Unsere Mutter reiste noch zweimal nach Langelsheim. Vier Grenzpassagen. Eine davon unterm Güterwagen, einmal wurde sie gefangengesetzt und immer wieder verhört. Diese Reisen – Mutti holte nur zusammen, was unser Besitz war. So reiste man: immer in Erfüllung einer Pflicht. Fast schön im Vergleich mit heutigem Rinder-, nicht doch! – Reisewahnsinn!
Und später, wie oft haben wir uns das alles wieder und wieder erzählt. Und wo gelacht werden musste, haben wir gelacht.

2003

*

Was ist ein Umschlag

Ich stehe zu spät auf, was ist heute zu tun? Nichts Bedeutendes. Ich mach mir Kaffee.
Es ist sonnig. Späte Vögel zwitschern, die Spree ist kräuselig, es klingelt.
„Ick wollte nur sehn, obte da bist. Weil der Klempner zwischen zwölf und eins kommt. Na, denn weeßick Bescheid. Okey. Tschüs."
An so einem Tag warten? Warten auf den Klempner? Bin ich ein Gefangener oder was? Ich hätte einen Ausflug machen können. Ich hätte den Tag genießen können. Jetzt ist er mir verdorben. Der ganze Tag verdorben. Es klingelt.
„Der Klempner, äm – der Klempner kommt nich. Hat ehmt anjerufn. Müssn wa n neun Termin ausmachn. Steck mian Zettl durch, wanns dir passt. Ja – dit wart. Tschüs."
Ich trinke meinen Kaffee. Dieser Tag ist einer der seltenen Novembertage, von denen später gesagt werden wird, „Weißt du noch? Das war jener warme

Novembertag, von dem du sagtest, damals, ach, lang ist's her, du sagtest: ‚In tausend Jahren kommen nur vier solcher Tage vor.' Ich wunderte mich sehr, Liebster, über die Zahl Vier und über deinen fröhlichen Mutwillen zum Übertreiben, den nie ermüdenden, den so geliebten und so bald verlorenen." Ich habe nichts weiter vor. Ich ziehe einen Zettel zu mir und schreibe das hier hierher. Das ist alles. Mehr passiert heute nicht.

2004

Totschweigen

Eine radiologische Schwester: Einatmen! – Atem an – hal – tään!
Surr ... klick ... surr ...   Schritte.
Die Schwester: Heh! Heh Dirk! Warte mal, muss – hmmm – nur noch – hastn da? – echt? – kannste mir – (folgt langes undeutliches Getuschel, dann Stille).
Der Patient nach angemessener Zeit: Hnnnnnkch – hnnkch – .
Und ist tot.
Totgeschwiegen. Kommt selten vor. Wird dann aber totgeschwiegen.

2003

Anderer armer Teufel

– Doktor, Doktor, Doktor, der Patient auf Nummer zehn!
– Schon wieder?
– Er stirbt.
– Ach was! Geben Sie Povresatan.
– Wir müssten – .
– Kann er sich nicht leisten. Wissen Sie doch.
– Oh Gott!
– Reden Sie keinen Mist! Ich geh mal selbst.
– Bitte! Ja!

*

– Wie gehts uns denn!

– –

– Na – sieht nicht gut aus. Kriegen wir wieder hin.

– –

– He, hallo (nimmt die Hand, fühlt Puls) – hm –

2007

Fragewörter

Was war das, wovon ich letzte Nacht geträumt habe? Oder wer? Wie lange war ich danach wach? Wer hatte mich gewarnt? Wovor? Worauf wartete ich? Worauf warte ich jetzt? Womit? Und vor allem: Warum?
Wonach wir suchen – worin wären wir gleicher? Warum suchen wir getrennt?
Wieso überlebe ich? Wodurch?
Woran denken wir, wenn nicht, gegen wen wir uns vergangen haben. Und wenn, wann? Gegen Homer und seine Julia? Warum gerade die? Warum dann andererseits dieses gewaltige „Worauf wartest du, Wurfmüller?"?
Weshalb werden Wachteln (Coturnix coturnix L.) woanders hinterrücks angeschossen?
Was uns fehlt, ist ein Wadenmehlkumm, knapp im Auftrag und begrüßenswert in seiner Kürze für Probleme auch von Alleinerziehenden. Eben ein „Wo ist Wo". Wer war zum Beispiel der Steller der ersten aller großen Fragen? Eben nicht der schroffe Julius Celsius, dem die weittragenden Worte

Die Würfel warf ich, doch ich warf vergebens

in den Mund gelegt werden. Fälschlich, wie der berühmte Zeitgenosse Spinozas, Aristoteles, nachgewiesen hat. Schlagen wir also munter nach. Blättern wir weiter, finden wir: Schto djelatj, was so viel wie halt mich nicht auf oder ich finde schon allein heißt.
Von Zwingli, dem großen Befürworter, erfahren wir dann auch, dass viele Wege nach Rom führen, und einer der Besetzer des Weißen Hauses hat die

Vernunft auf den Punkt gebracht: Ich koitiere, dabei summe ich. Daraus entstehen weitere Fragen.
Durch eine von ihnen ist der schnellfüßige Hector Berlioz ebenso schnell wie versehentlich zur Achillessehne abendländischer Daseinserfahrung geworden. Ausgerechnet die als seine beste Operette geltende „Phantastische Philosophie" hat unser Leben in ein offenkundiges Dilemma verwandelt. Zweckmäßiger erscheint mir das Lebenswerk des Jan Dark „Wein und Bewusstsein".
Ich begegne der Nicht-Vollendung dieser liebevollen Betrachtung, indem ich mahnend auf Gefährdungen, provoziert durch eine einerseits verständliche Freude an Fragewörtern *ohne* Anfangs-w, die es, soweit man das heute beurteilen kann, weit gebracht haben sollen, aber in diesen Zusammenhang nicht hineingezählt werden, weil keiner sie kennt, hinweise, andererseits aber auf das jetzt erweiterte Unvermögen, Geschichte und Sprache homolog aufeinander abzubilden, aufmerksam mache. Hier wie dort sind Missgriffe zu vermuten. Die uns überraschen, aber nicht überzeugen. In dieser Überzeugung nämlich läge die eigentliche Gefahr: die Verstumpfung zu Überzeug und der in der Folge nicht mehr vermeidbare Rangverlust zu Unterzeug. Wolle dürfte dann allerdings am geeignetsten sein (Wolle wärmt den Wanst, wie schon die alten Sumerer festgekeilt haben, die alten Schlaumeier), sofern andere Fasern nicht auch erfolgreich verteidigt werden, weil ihrerseits nicht wollen einige itzt sogar die Reihenfolge in vertauscht bogtens ehen.
Abklingend auf die Frage der Fragewörter zurückgeleitet bekenne ich mich fürs Erste zum Subaltruismus und gegen alles, was falsch hilft. Vordergründig und verwaschen wäre ja jedes „Worüber sonst so", wenn wir im Jetzt und im Heute nicht den Mut hätten, freudig zu fragen: Wohin? Dann erst stünden wir nämlich auf der richtigen Seite der Schaufel neben der mehr als ordentlichen, bevollmächtigten, aber falsch beauftragten Miss Joint Venture, der wir – aber das war ein gut vorbereitetes Versehen, für uns noch ungewohntes.
Es gibt eben seitenverkehrte Empfängnisse. Immer wieder. Zum Wohl. In aller Einsicht in die Notwendigkeit. Wo wohnen wir denn seit kurzem? Wohnen wir jetzt nicht alle gegen Süden? Ich verabsüde mich.

2003

Galgenmännchens Rücksitz statt Nützling

Ich hab nur das. Es stellt keine hohen Ansprüche. Sein Wortschatz ist farbarm und trivial. Galgenmännchens Welt besteht aus Notzucht, Wirrwarr und Straßenlaterne. Was hab ich denn erwartet? Als Nächstes kommt Berufssoldatin und Bundespräside.
Aah – ich muss die Expertenstufe einstellen. Jetzt Bulgarien und Unruh. Ist doch was. Geht nur 'n bisschen nach.
Noch ein letzter Versuch. Jetzt.
Rate, rate, rate … Kennziffer. Na also! Geht doch.
Als Nächstes käme Sackhüpfen. Das versuch ich gar nicht erst.

2003

An alle

Uns ist ein Interessentenkreis zugelaufen, was für unsere gewaltige Zukunft das Wünschenswerteste ist. Sein Mittelpunkt wird nichtnachlassendes Nichtinteresse an falsch verbundenem und in einen zwielichtigen Kontext geratenen Sprachwandel und seine Pflege sein. Ein geschwächteres Anliegen ist unserem Verbraucherverstand als Sprache ebenso kaum vorstellbar wie auch den mit uns verbundenen Verbandsbindungen, zu denen wir immer nur die heikelsten Ansprüche hervorheben. Wir weinen um unseren durch Fehlerbesudelung und falsche Missverständnisse vielbeachteten und abgedrängten Mitarbeiter B, der genau im falschen Augenblick das Leben verlor. Wir bedauern ein Ende, das so wenig gelebte Lebensbejahung, das aber auch im Wettkampf mit dem Großen und Ganzen verworren, aber gewöhnlich vernünftig die Gesinnung erfreut hat. Gesagt.
Wenn dieses Rundschreiben die durch Mitwissen verlängerten Haushalte erreicht, wenn der beitragswürdige Anteil dem gewöhnlichen Zueinander die Hände bindet, wenn demgemäß unser Trachten und das Ihre in einem gemeinsamen Sprudeln von Spenden, Spanten und Spinden, kurz: Wir betteln und euphemisieren das Betteln durch geschicktes Durchpendeln, indem wir den erhofften Anteil von Ihnen in ein Gemeinwohl blähen, auf das wir alle beschnittenen Hoffnungen gesetzt haben.

Dankbar händeringend frohlocken wir in gemäßigtem Unmut in alle Haushalte, Hinterhalte und Haftschalen. Gewöhnen wir die Inanspruchgenommenen an herzliche Grüße, Maibowle und variierenden Verlust. Benutzen wir den Jammer, benutzen wir den Gewinn des immer auch gewinnenden Verlierers. Es weht ein Ruck durch, dem wir uns, solange die Füße uns noch tragen, in gelassener Vernunft ungern entziehen.
Wir suchen Euros, gebündelt oder eingetütet.
Oder, besser, faxen Sie uns eine Einzugsermächtigung.

2003

Tasten

Es wird wohl so sein, dass in irgendeiner ferneren Zukunft unsere Hände tastaturangepasster sein werden. Die allergeeignetsten sind sie jetzt noch nicht. Andererseits ist die Erfindung der Tastatur eine ergonomische Großtat. Es gab schon gute Köpfe, damals, vor hundertfünfzig Jahren. Nun ja, das war vor – sagen wir fünf Generationen. Da ist inzwischen noch nicht allzu viel mutiert.
Was mich immer in Bestürzung versetzt, ist, dass zu jeder neuen Sport-, Schlaf-, Ess-, Spring-, Flucht-..., zu jeder neuen Beschäftigungsart Leute da sind, die in ihr sofort gut und mit Erfolg bis zu Spitzenleistungen trainierbar sind. Das lässt mich fragen: Ist nicht jeder Mensch, aber wirklich jeder, in irgendwas besser als alle anderen? Ich glaub schon.
Und es gibt ne Menge Leute, die in vielem schlechter sind als alle anderen. Das ist die Umkehrung. Ich, zum Beispiel. Meine Finger bewegen sich nicht geradewegs auf die richtige Taste zu. Das geht so: Ein Finger (immer derselbe) wird in Bereitschaft versetzt und geht gleich drauflos. Erst während des Anflugs werden genauere Koordinaten errechnet, immer erst jetzt, ist das nicht furchtbar?
Ich pack's während meiner einen Generation nicht mehr besser. Schuld ist ein schludrig platziertes Gen. Noch ist sowas nur ärgerlich. Aber dann? Später? Später wird man mit einem solchen genetischen Schaden kaum übers Kleinkindalter kommen. Die statistische Lebenserwartung wird dann wieder fallen.

Warum muss ich das schreiben? Haben die Erfinder der Schreibmaschinen-Tastatur wirklich den geeignetsten Umsetzer gefunden? Wird im ganzen Kosmos auf einer vergleichbaren Entwicklungsstufe eine TA-STA-TUR erfunden werden? Und: Gab's daneben überhaupt was konkurrierendes anderes?
1855! Scholes (US-Amerikaner) und Schwalbacher (Deutscher). Jetzt sind sie tot.
Tja ... nichts ist von Dauer. Ist mir besser? Ein warmes Bad hätte mich wirksamer entregt. Oder Brigitte. Die schon ruft.

2004

Füller oder Filzstift

Ich verkaufe Kugelschreiber, Fineliner, Filzstifte. Seltener Füllfederhalter, die aus der Schreibmode kommen. Sicher, ganz teure, reines Gold und so, werden noch verkauft. Nicht bei mir, das geht so per Katalog, einfach bestellen und genaugenommen wird ja mit denen nicht so sehr geschrieben, die liegen oder stehen einfach so da, als Zierde, als Statusunterstreichung. Außerdem glaub ich nicht daran, dass die die Tinte reinkriegen würden. Schreiben ja alles mit dem Computer. Die bei mir kaufen, kaufen mehr oder weniger im Affekt. Angeregt durch Überfülle, Farben und Vielfalt der Formen. Da ist schon Schönheit drin. Keiner geht her, um einen Schreibstift zu kaufen, keiner geht weg, ohne nicht diesen oder den da zu kaufen erwogen zu haben. Mancher kauft. Nicht viele – einige schon. Probiert und kauft, sind ja im Grunde billig. Oder kauft und probiert erst jetzt. Die meisten ziehen spiralige Grundmuster vor. Oder die Drahtrolle. Das ist nicht erlernt. Es ist in uns. Möglichst langer Strich bei eng bemessener Fläche. Elementare Vernunft. Instinkt. Wenige ziehen einen Mäander. Wenn der Augenblick des Ausprobierens gekommen ist (darf ich mal – hierdrauf?), tippe ich: Spirale (oder Drahtrolle), Mäander oder Unterschrift. Komisch: Wenn einer schreibt, schreibt er seinen Namen. Unterschrift bleibt unsicher. Mäander und Spirale (oder Drahtrolle) sage ich ziemlich sicher voraus. Ganz wenige sehen sich den Ansatz an, probieren mehrmals den Ansatz. Die Linie gucken alle genau an. Den Ansatz,

der ja eher noch wichtiger ist, nur sehr, sehr wenige. Nun – einen kleinen Ausschnitt fremden Verstandes erkennt man dabei schon.
Es läuft ja viel Verstand rum. Allerdings verborgen.
Soll mal jeder einen eigenen Gedanken haben, so läuft an mir wiederum eine Fülle von diskutablem Eigensinn vorbei. Wenn es möglich wäre, jeden dieses eine Eigene aufzuschreiben zu bitten, nicht in Mäandern oder Spiralen (oder Drahtrollen) – ich kompiliere, komprimiere … und gebe heraus ein längeres Werk. Eine Seite geht so:
Scheißwetta – dem werdick, dit Schwein – mussick rumkriejn – Scheißuhr, scheißteuer – Clara, ick sehne mich nach dir … sehnen, sehnen, immer nur sehnen … kann ich denn nichts anderes finden als immer nur sehnen, sehnen, sehnen …? – Ursel kricht nie jinuch … Ursel stoßen, aaah – der Zug ist weg, das ist die Grippe – morgen gibt's n neues Heft – bloß nich wegkippm …
Ist originell? Finde ich jetzt nicht mehr. Kann man ja überall nachlesen. Ha, schöne Frau, keiner kauft heute bei mir, aber Sie haben einen Wunsch nach Schönem – hier, sehen Sie – ja, probieren Sie! (Ähnelt Anita. Üppig fest, mit schönen Knien und kein Kind.) Was Sie schreiben sollen? Schreiben Sie Spirale oder MÄ-AN-DA oder Ihren Namen, fünfzig Cent, da wissen Sie, was Sie haben – haben Sie – gefällt mir auch (Sie gefallen mir auch), oder sogar schön, Schönheit ist objektiv. Aus Werneuchen? Viele kommen aus Pisa. Muss ne große Stadt sein da unten, ich pack mal zusammen, war kalt heute, als Physiker hattichs wärmer. Und bequemer. Und besser. Als Physiker hattich noch Ahnung. Jetzt habich kalte Füße.

2003

Die Liebesquelle ist versiegt

Noch kommen einige mit Eimern, Kanistern und Flaschen. Sie stehen und schwatzen, während es nur noch tröpfelt. Ein Gefäß drunterzustellen hat sich schon nicht mehr gelohnt.
Von heute auf morgen? Eigentlich nein. Und doch, ja. Der trockene Sommer, ach, der trockene Sommer.
Die Gruppe wird Grüppchen, das Grüppchen löst sich auf. Hier gibt es nichts mehr zu tun. Das zu Besprechende ist besprochen.
Vielleicht wird jemand Blumen aufs Grab stellen, vielleicht haben wir das Wasser getrunken, vielleicht haben wir gelebt …
Was ich hier schreibe, es tröpfelt – und so trocken war der Sommer gar nicht. Weißgerber sagt: Ansichtssache. Vielleicht hat er recht.

2006

Wo ist das Wasser

Nicht nur deutsches Wasser ist in diesem Sommer auf und davon. Auch französisches. Die ganze EU hat dazugegeben.
Die ganze EU gibt gern ab. Weiß man ja. Aber freiwillig! Nicht so!
Nicht nur deutsches Wasser, schon wahr. Aber vor allem deutsches Wasser. Einfach weg.
Und die Spree fließt rückwärts. Behauptet einer in der Morgenpost. Na ja, die Morgenpost –
Wie ich das allerdings schon gesehen habe, keine Wolken, keine Wolken … da ist die Luft zwar vielleicht sauber, ein gutes Zeichen, aber das Wasser ist *da* und fällt ganz woanders erst wieder runter. Nach dem Gießkannenprinzip verteilt, ungewollt verteilt wieder runter.
Und jetzt? Wo ist es? Es wird schon wo sein. Sie trinken es schon. Nichtdeutsche, Nichteuropäer. Wohl bekomm's.
Sie haben's vielleicht verdient. Aber sie haben es sich nicht verdient. Deutsches Wasser.
Waten vielleicht schon durch Pfützen, wo vorher heißer Sand war. Und frohlocken. So: Der eine gibt, der andre nimmt. So ist das Geben.

Ich habe nicht gegeben.
Die neuen Trinker stoßen vergnügt auf, die auf dem Trocknen gebliebenen alten Trinker plappern verständnislos in Zeitungen und TV-Anstalten über die Spree, die rückwärts fließt.
Immer rückwärts voran, auf den Kottmar, immer weiter und höher … dann bricht aber was, und die Leute um Bautzen rum gucken dumm aus der Wäsche. Sind doch auch Deutsche.

2003

Jahrhundertmonat

Hinter dem Eisbrecher werden die Schollen unter Knirschen wieder bewegungslos. Das Wasser fließt ja kaum, es ist aber auch saukalt, und sie vereisen nach kurzer Zeit zu einer neuen geschlossenen Decke. Dann ist Stille.
Nach dem Jahrhundert-Juli beginnt der August mit windstiller Hitze. Seen und Flüsse trocknen aus.
Es wird das Schlimmste erwartet. Der Februar soll noch kälter werden. Nachts sinken die Temperaturen auf minus zwanzig Grad.
In abgelegenen Ortschaften wird schon aus dem Tankwagen versorgt.
Die Schifffahrt auf den großen Wasserstraßen ruht. Die Elbe zum Beispiel ist eine geschlossene Eis- und Schneedecke bis Hamburg.
Das Getreide wird in einem Zug geerntet und untergepflügt. In der EU, heißt es, wird keine Getreidenot spürbar werden.
Die Küstenschifffahrt auf der Ostsee wird eingestellt. In Uppsala wurden minus dreißig Grad gemessen. Auf große Fahrt geht es nur im Konvoi.
In Brüssel wurde um großzügige Unterstützung gebeten.
Die meisten Reichen bleiben reich.
Seit einem Jahr hört man öfter von einem Meteor mit dem Durchmesser Kairos, dessen Bahn in etwa drei Jahren die Erdbahn kreuzen wird. Die Einschaltquoten sind so hoch wie nie.
Auch dieser Sommer wird zu Ende gehen. Auch dieser Winter wird zu Ende gehen. Hitzetote oder Erfrorene, Kairo ist eine große Stadt.
Vier Wochen vor dem Zusammentreffen wird es hektisch. Börsenwerte steigen und fallen.

Manch einer wird nun arm sein. Wie eine Kirchenmaus. Vier Wochen lang.

2003

Sehr verehrte Herren Grimm

Ich habe mit Erstaunen und Frustration die von Ihnen versammelten „Kinder- und Hausmärchen“ gelesen und bin empört und bestürzt über Ihr konzentriertes Unverständnis der Seniorenprobleme in den Zeichen unserer Zeit. Das Fehlen geringster Hinweise auf unsere Ergebnisse findigen Fortschritts macht Ihre „Märchen“ weltfern und nicht am Platze.
Ich selbst bin geprüfte Altenpflegerin (mit Zertifikat 3) und kann mich über Ihre Behandlung des genannten Personenkreises in Ihrem Elaborat nur wundern. Die erlogene Bewältigung gesellschaftlich-gesamtheitlicher Sozio-Konflikte erregt meine Verärgerung und Gemütsverfassung. Sie schwenken Illusionen, schaukeln mit Witz Unlösbares zu leicht Lösbarem – Lügenmärchen! Alle! Aus dem Weg gegangen gehören Ihre „Märchen“.
Die wahren Märchen könnten Sie in … Aber ich argwöhne den Nichtbesitz von TV in Ihrer Beschränktheit. Ein freudig aufgelegtes Lied in unserer Kassette (Ein Schiff wird kommen oder Man kann nicht immer 17 sein) – aber das wissen Sie nicht. Das verklärte Summen meiner Patienten straft Ihre Ausführungen Lügen. Der o. g. Personenkreis braucht unsere stationäre Zuwendung. Und von nichts kommt nichts. Davon leben wir selbstverständlich. Das ist wohl die wichtigste Gegenüberstellung.
Was wir mit unseren Patienten tun und lassen, ist immer vorsichtig und kommunikativ. Das ist mit dem Unternehmen so abgesprochen. Unsere Richtschnur ist der berühmte Franzose Robert Freud, von dem wir nicht genug kriegen können, was ja schon sein berühmtes „no bless ob Liege“ andeutet, was ja bekanntlich heißt, dass bei einer Verstauchung nicht lange überlegt werden soll, ob eine Liege zur Hand ist. An diesem Abschweif mögen Sie erkennen, ob ich rein niveaumäßig genau mit Ihnen unter einer Stufe stehe, die mich zu diesem Schreiben veranlasst. Das könnte ich Ihnen gern erklären, indem ich mich aber unterdrücke. Sie scheinen nur deutsch zu schreiben, darum verzeihen Sie mir den kleinen Ausflug in Gebilde außerhalb Ihrer bescheideneren Reichweite.

Ich habe auch keine Kenntnis. Ich weiß ja nichts über Ihre Wohn-, Lebens- und Erwerbungsumstände, Ihre „Märchen" sind ja in Hamburg rausgekommen, ohne Vorwort, und ich selbst bin ja aus Pasewalk, wenn Sie das überhaupt kennen.
Das sage ich (mit Zertifikat) Ihnen (ohne): Mit Ihrem rückwärtsgewandten „Es war einmal" krempeln Sie das Jetzt und Heute nicht zurück, wo wir übereingekommen sind, dass eine handfeste stationäre Ruhigstellung Ihrem Drunter und Drüber den Rang abgelaufen hat. Rein geschichtlich und bevölkerungszahlenmäßig mal gesehen.
Ganz wirr wird mir, wenn ich Ihren roten Faden nicht finde, was mir bei meinen Patienten nicht passiert und mich veranlasst, am besten Ihre Geschichten gar nicht erst wahrzunehmen und Sie aufzufordern, an unserem gezielten Gemeinwohl teilzunehmen und Ihre Bemühungen zurückzuziehen, da, wo sie hingehören – ich werde gerufen – das ist das Ende – ein Schiff wird kommen in gelassener Hochachtung.

Elly Weißes, 2003

An die Wettbewerbskommission

Ich bin hier und nehme im Nachfahrenden an Ihrer Auslosung des bewältigsten Features erhofften Anteil. Es kreuzen sich bei mir auf Station ja wunde und ebensolche anderen Lebensgraphen, wodurch die Hälfte meiner Zuschickung eine innere und eine äußere Bedeutung vorwegnimmt.
Das Besondere des Nachgeschobenen (lesen Sie nur!) gefällt mir durch Zumutung an Kreativität und gewissermaßen zurückhälterische Mitteilsamkeit, die ich Sie bitte ein Kunstgriff anzunehmen in künstlerischer Kunft.
Autoren mit eigener Antwort – so ausgedruckt, ummutet es mich wie weise, wie ich in zurückhaltender Andeutung Geständnis begehe.
Die Hingabe eines Features ist ja Entkleidung. Der so nackte Autor befindet sich im Rüffel seiner Nächsten. Die lächeln wissend von oben und verbessern nicht die Lage des fingierten Ichs in der Verfabelung hier auf Station unter weißen Möbeln in quadratischen Zimmern.
Nun mein Zutrag:
Ich nenne ihn „Seite eines Tagebuchs".

Anita hat mich gestern kundig erworben. Das war gestern. Anita aus Zimmer fünf, im Park, als die Kocher ausgingen.
(Beide sind verhalten jung und wehleidig und seltener Hand in Hand. Frau Kocher ist süß und wirft mit den Augen.)
Herr Kocher schwelgt häufig heimlich mit Kerstin, das ist nicht Frau Kocher. Kerstin ist Kerstin mit den nichtfettenden Händen.
Donnerstag bin ich in der Fähre nach Oslo. Mit Cora, der besiegten. Das erste schmalblättrige Weidenröschen wird da sein. Warst du hier? – Früher?, fragt Cora. Ja, sage ich. Mit dir.
Nun reißt sie die Arme um mich und gibt.
Liebe Cora, sei mein jetzt, hier und immer, sieh, wie ich dich umstehe.
Unsere Augenvieraugen verklären in Wassern. Oslo wird eine schöne Stadt.
Und Anita? Anita sagt: Unverwendbar, zu kurz, die redetüchtige, und sieht her. Ich hoffe, ich gewinne gegen Anita. Featuremachen war immer stark gewünscht von mir, ich hoffe, das genügt, denke ich. Dgl. hoffe ich auf Ihre Beglückung wegen dieses Features durch mich. Und auf einen guten Preis.
Da wird Anita gucken. Hier auf Station machen die jetzt das Licht aus.
– Wo muss ich denn unterschreiben – hier? Unterschrift.

2003

T & I

Sie sind in Sicherheit.
Isolde spielt mit dem Saum ihres Kleides. Tristan ist am Feuer beschäftigt. Viel Witz und Sorgfalt sind nötig, damit es über Nacht nicht ausgeht. Regen, Regen ist die größte Gefahr. Tristan benutzt all seinen Scharfsinn. Wird er dafür bewundert? Kaum. Ist Männersache, der Mann macht das schon.
Wochen sind vergangen seit ihrer Ankunft. Es ist eine Lüge, dass der Alltag die Liebe tötet. Tristan ist ein großer Held, und Isolde fühlt große Liebe. Aber alles ist gesagt, nichts überrascht. Er wird zur Nacht auf ihr liegen, wie jede Nacht, sie wird, wie jede Nacht, mit seinem Haar spielen, danach, und einschlafen.
Früher, um diese Zeit, ging es noch hoch her bei Hofe, ja früher. Das Kleid löst sich auf, und was hatte ich für Kleider, oh, was für Kleider – wieso

hatte? Hab ich ja noch! Brangaine wird sie tragen, wird sie nach und nach auftragen, das ist doch kränkend, ich bin doch nicht tot!
Zur Nacht also, die Gegenstände sind geordnet, die gewohnte Umarmung, das Einschlafen …
Am nächsten Tag keine Abenteuer, nichts Außergewöhnliches. Tristan hat einen Hasen geschossen. Wie macht man Hasen? Er bereitet ihn zu, er macht das, er kann das.
Ein paar Tage später sagt sie: Ich muss zurück. Die Decke fällt mir auf den Kopf. Wir können nicht ewig so leben.
Nun ja, schon, schon, aber wie?
Sie bereiten es so vor: Tristan provoziert die Suche nach ihnen. Macht erkennbar, wo sie sich aufhalten. Und während des Schlafens liegt sein Schwert zwischen ihnen. Es läuft ab wie geplant. Wir wissen das alles.
Was ich sagen wollte, hab ich gesagt: Liebe braucht Nahrung, abwechslungsreiche. Wahre Liebe schon, blinde erst recht.
Sie haben's danach wieder sehr abenteuerlich. Sehr, sehr, sehr erregend und mutwillig. Dann wachsen zwei verschlungene Rosenstöcke auf ihrem Grab.

2003

Auf Mohn

- Vielliebe! Ich umklage mich mundlos, in Gerüchen, unter zierlichen Schatten gespaltener Sauergräser, unter Schritten, aber nicht in Lauten – siegst du gut?
- Ich genehme unangespannt, bin ja ähnlich beewigt, entschmerzt und entwirrt. In der Zeit hast du mich abgeglimpft und geschnürt, davon ist noch Wissen. Wie unklughaft ich war. Sei besorgt. Verleuchte im Licht deiner selbstbessernden Eigenleuchtung.
- Unschuldige meiner Begossenheit, umrissen in begehrlicher Symmetrie – ich entlaube das nicht. Ich versilbe dich, ich bin entnarrt auf dich, nasführende Liegerin, Zimt und Brot meiner Vorbeiheit.
- Ach, du Verminderter, wie hast du dich in meinen Brüsten entlümmelt, ich war dir ja gewogen. Umwärtert hab ich dich, gesalzt und umgelautet. Du konntest keine Liebe sein. Mein Begehren welkte durch Aufzwis-

tung und Eis auf meinem Leib, da begingst du selbstliebende Eigenwaltung, die mich geflacht hat. Ich war lauter im Keim.

- Oh, Ferne! So begeht keine Genesung, sei näher, nur eine Million Jahre, dass ich dich hauche, Entgünstigende – sei wiederholt. Wie vorrätig du warst! Nimmer vergiss, wie dein Glöckchen arm klang im Nichtverständnis meiner Unbegleitetheit. Entkalte dich, wie ich dich umbitte. Verinnere dich, dass ich mir Mühle gab. Sei keine misstane Altwarbe, du bist so nahrhaft – ach, es ist gegen.
- Welbe den schmalen Weg, den wunderlichen ich merke. Wenn der schwere Abendglobus den wiedergeweckten weh verkürzte, wie warst du so gering im Verstehen. Wie du dich rühmtest, und wie du dich schließlich selbst entglaubt hast, gegen mich, die dir immer lohnte, war ich denn Essig? Da faltete sich mein Gewinn um dich, gerann und war bröcklig.
- Es ist schön, so mit dir zu wechseln. Ob du mich bewahrst? Ob ich dich? Mit deinen trotzigen Knien gingst du wie auf Mohn.
- Ging ich? – Blutige Milde, Spätsommer ohne Verenden – ich werde bedacht. Sei schläfrig jetzt, wie das schwere Zirpen in Philadelphia, so herznah, so bequem in den trockenen Narben, du Miststück, dich hatte ich erwartet.
- Hand auf Hand – da ich nicht bin, nie kann ich – waren. Aber ich bin. Ich bin das unmerkbare Wehen der Rispen, ich bin du, bin dein Nichtsein und ewig quengelnd. Wehe auch du. – Wir werden sein wie Dunkelheit nach dem Glitzern der Nachtlampen. Ich sah sie von außen. Es war schön.
- Es war schön. Es war das letzte Beginnen, des ewigen, ich sah es ja auch.
- Ich sehe die Leere von Molekülen und das aussagenlose Enden und Wenden von Feldern – und dich jetzt. – Jetzt – habe ich dich – gelernt. Warst du –
- Nicht im Sinne.
- Ich binde es.
- So bin ich.
- Sei!
- Ich ewige –

2003

Das tut weh, was?

Oh, là là, sagt sie. Alles verspannt. Und massiert. Und sagt: Nutzt ja alles nichts. Die Muskeln sind es ja nicht. Hier merkt man's nur. Es ist der Mensch.

Wie wahr, wie wahr! Es ist der Mensch.

Er liegt auf der Lauer. Oder versteckt sich. Oder spannt sich in Vorbereitung. Oder steht krumm unter der Dusche. Oder geht verstockt aufrecht, trotzig rechtschaffen und verkannt. Oder hat Angst, Angst, Angst …

Es ist die Seele, die hier oben, wo ich nur das Obige im Griff habe, nicht verstanden wird. Ich gehe zum Arzt, müsste aber zu einem, der helfen kann. Der Arzt sagt: Oh! Da ist das Sprunggelenk aber schön durch. Das tut weh, was?

Das hat meine Seele gemacht. Sie verknotet mir den Darm, transzendiert an der Prostata vorbei (du warst auch schon mal schlanker), geht mir unter die Haut, schadet im Vorübergehen meinen Arterien … was hab ich ihr getan? Was fehlt ihr?

Ich weiß, was ihr fehlt. Mir fehlt es ja auch.

2004

Schulden

An einer anderen Stelle habe ich herausgearbeitet, dass Träume nichts anderes sind als vagabundierende Fragmente des Gedächtnisses, die am Tag Girlande, Beilage, unaufhörliches Hintergrundrauschen sind, nachts aber Hauptfilm.

Im Allgemeinen sind sie nicht aufschreibbar. Sie sind bildhaft, auch verbal, nicht immer gesellschaftsfähig, der Versuch, sie mitzuteilen, wird immer Dichtung oder Lüge. Sie formen mich, so wie *sie* bestimmen, *was* gespielt wird. Alter Hut.

Heute hatte ich einen harmonischen Traum, in dessen Verlauf ich Schulden zurückgeben wollte. Da wachte ich auf und wusste nicht mehr, wem. Auch nicht mehr, wie viel.

Nie, nie, nie werde ich diese Schulden zurückzahlen können. Das kränkt mich, auf eine gewisse gewinnbringende Weise macht es mich aber auch heiter.

2006

Flatrate

Was haben die letzten Flatrates gebracht? Ärger.
Kleine saufen sich zu Tode oder wenigstens um den Verstand, und die Großen (die Kleinen ruft man selten an, sie sind ja betrunken) sind telefonisch nicht mehr erreichbar.
Seufzend beugt sich das Kapital der Pflicht noch reicherer Profit-Einsackung. Das Leben ist nicht leicht. Aber ein Anfang ist gemacht. Was jetzt? Ich erwarte die Flatrate bei Teppich-Kibek. Ich zahle einen Kuschel-Preis von, sagen wir, dreitausend Euro und kann bis ans Lebensende Teppiche haben, so viel ich will. Nicht zum Weiterverkaufen (sie sind markiert), aber zu meiner großen Lebensfreude.
Dann die Flatrate für Wasserverbrauch. Endlich geht es mit Waschmaschinen wieder aufwärts. Weiße Wäsche ohne das lästige Zugeständnis ans Sparen.
Dann die Flatrate für Elektro-Energie. Adieu, Sparlampe.
Dann die Gesundheits-Flatrate. Wahlweise mit oder ohne Medikamenten- oder Behandlungs-Flatrate. Doppelpack, Dreierpack, Sechserpack … man muss einfach abwarten.
Die Justiz zehntelt ihren Apparat durch eine dem mittelalterlichen Ablass ähnliche Flatrate zu tollen Verwöhnpreisen mit Geld-zurück-Garantie, und dann kommt, ich kann es selbst kaum fassen, die Bestattungs-Flatrate. Undenkbar? Denken Sie! Sinnlos? Raten Sie mal –
Richtig geraten: *Ich* werde nur *ein*mal bestattet. Richtig. Ich kann den tieferen Sinn so einer Flatrate nicht finden. Aber kommen wird sie.

2008

Sie erschlagen die Zeit

Bei mir zu Haus ist das so: Abends fallen die ersten Schüsse. Schreie, Stöhnen, metallische Befehle, quietschende Autoreifen, Glas splittert. Was ist da los?

Die Leute schlagen die Zeit tot. Da schreit die Zeit. Das macht Lärm.

Es ist das tägliche Fernsehen, nichts weiter. Schildermaler, Taxichauffeure, Versicherungsangestellte ... alle kucken Fernsehen.

Gibt's nichts Vernünftigeres?

Schon die Frage!

Knabberverstärker, Verbrauchsverstärker, Gefühlsverstärker ... an wem das alles abprallt, der kann sich freuen.

Blödheitsfördernde TV-Anstalten werden durch die „Berliner Woche" (eine sogenannte Zeitung) aufs Wirkungsvollste unterstützt. Die ist runtergekommener Journalismus mit Werbe-Anzeigen. Mit der „Berliner Woche" wird man zwangsversorgt. In jedes Exemplar (einmal wöchentlich) wird, als Draufgabe, eine nicht kleine Menge an Werbeprospekten geschlagen, die wohl vor dem Gesetz als Bestandteil der „Zeitung" gelten und dadurch – gegen die Bitte: Keine Werbung! – ins Recht manipuliert werden.

Ich zitiere mal einen Artikel vom 22. September 2004 in dieser „Berliner Woche", S. 5.

Zitat eingerückt.

> Publikum wählt die Leiche aus
>
> Prenzlauer Berg. Mysteriöse Todesfälle sorgen für Nervenkitzel bei den Zuschauern. An jedem letzten Sonnabend im Monat treibt ein Auftragskiller im „BühnenRausch" an der Erich-Weinert-Straße 27 sein Unwesen. Die Zuschauer helfen dem Ermittler bei der Aufklärung des Falls. „MordArt" ist eine neue Variante des Improvisationstheaters Engelhardt.
>
> Doerthe Engelhardt von der Improvisationstheatergruppe „Paternoster": „Wir fragen das Publikum, wer das Opfer sein soll und welche Charaktere die anderen Schauspieler darstellen sollen." Dann findet der Mord statt. Die Akteure auf der Bühne losen mit Briefumschlägen geheim aus, wer der Mörder ist.

Es gibt noch etwas weiteren Text zu weiteren Einzelheiten – na ja.
Und dann raten alle, wer es nun war. Und:
Die Zuschauer werden beteiligt.
Werden beteiligt – und dann werden die Briefumschläge geöffnet, dann gibt's die Überraschung, dann die Verhaftung …
Ist das zu glauben, Bundesrepublik Deutschland? Gehört dieses dein Volk nicht am besten mit einer Pisa-Rute zu Tode geprügelt?
Es gibt nur eine Antwort:
Kinder nicht!

2005

Heimsuchen

Ich will heim. Ich gehe und gehe und suche und suche. Wo ich ankommen werde, wer weiß. Wenn geheizt wird, wenn Takt und Anstand heimisch sind, will auch ich heimisch werden. Und sei es in der Bundesrepublik Deutschland. Ich habe die Türklinke schon in der Hand, und was steht da? Verbrauchermarkt. Da kehre ich um. „Waren des täglichen Bedarfs" oder einfach „Kaufhalle" hätten mich eingeladen. „Verbrauchermarkt" klingt nach Nahrungskette, genauer nach Hackreihe. Da kehre ich einfach um. Nur inwendig. Weil es schon zu spät ist.

2007

Ach du blaues Kleinkind

Die Bundesrepublik Deutschland. Auch dem verzücktesten Schönschreier kann sie schwer im Magen liegen.

Untertitel: E 605

Neben Freiheiten, die die „Väter des Grundgesetzes" allen Bürgern unspezifisch, aber liebevoll ans Herz gelegt haben, ans entnazifizierte, die allerdings

immer nur von dem ausgenutzt werden, der der Stärkere ist, kurz: Wir haben, neben der künstlerischen, auch die Freiheit der Chemie.
In schwachen Augenblicken schreibt der eine oder andere Zeitungsmensch frei, ehrlich und wahrheitsnah (das gehört sich nicht unbedingt so), und ich nehme vorweg, dass das Folgende sinngemäß auch auf andere Länder zutreffen wird, sofern, wie schon in Deutschland, diese Bedingung erfüllt ist: Die wirtschaftliche und die politische Macht befinden sich längst in den Händen des Kapitals.
Alle zwei Wochen erscheint vom Wort & Bild Verlag die Zeitschrift „Apotheken Umschau". Vor mir habe ich die Ausgabe vom 15. August 2003.
Der im Folgenden eingerückte Text ist Originaltext.
Ein Artikel auf Seite 30:

Zutaten aus dem Labor

> Künstliches Aroma, Farb- und Konservierungsstoffe – unser Essen enthält jede Menge Chemie. Die meisten Substanzen sind unbedenklich, bei einigen ist allerdings Vorsicht geboten.
>
> Rosig und appetitlich lacht uns der Schinken aus der Metzgertheke an. Sofort läuft uns das Wasser im Mund zusammen.
> Damit Schinken und Wurst überhaupt so lecker aussehen, hat der Hersteller unter anderem Pökelsalz hinzugegeben. Diese Substanz verhindert, dass die leicht verderbliche Ware grau anläuft, verlängert deren Haltbarkeit und verhindert obendrein die Vermehrung gesundheitsgefährdender Keime. Zusatzstoffe in der Nahrung sind also durchaus sinnvoll.

Das ist gut gesagt. Und leuchtet ein. Weiter:

> Manchmal sollen sie aber auch über mangelnde Qualität hinwegtäuschen.

Moral ist ja keine juristische Kategorie. Jeder, dem Mittel zur Produktion, zur Überwachung, zu Lehre und Forschung, zur Anwendung von Maßnahmen – mit einem Wort: Jeder tut, was ihm beliebt oder nützt. Alles ist erlaubt. Verbote taugen wenig, solange einen Rechtsstreit der gewinnt, der den teuersten Anwalt lange genug bezahlen kann. Weiter:

> Geschmacksverstärker und Aromastoffe gaukeln den Geschmack von Erdbeeren vor, wo gar keine drin sind.

Na prima! In der Bundesrepublik Deutschland gibt es aber ein Ministerium für Verbraucherschutz. Hier geht es um Betrug. Und:

> Zudem sollen diese Zusätze mehr Appetit auf Tütensuppe, Knabberzeug und Süßes machen.

Dann:

> Mit Farbstoffen, dem „Make-up" vieler Lebensmittel, peppen Anbieter zum Beispiel Getränke und Süßigkeiten auf. Meist sind diese Zusatzstoffe nicht nötig. Sie sollen vor allem den Käufer zum Griff ins Regal verführen, erklärt die Ernährungswissenschaftlerin Antje Mann von der Verbraucherzentrale Bayern.

Die weiß also schon Bescheid. Da brauche ich eigentlich nur abzuwarten, dass die sich regt.

> Nicht nur Leckereien sind „aufgepeppt".
> Chemie hilft in den meisten Fällen. Den zarten Schmelz beim Eis bringen unter anderem Verdickungs- und Feuchthaltemittel zustande. Trennsubstanzen helfen gegen das Verkleben von Nahrungsmitteln oder verhindern das Verklumpen von Salz. Auch lose Waren wie Wurst, Fleisch und Backwaren enthalten zahlreiche Zusatzstoffe, die der Verbraucher meist an der Theke erfragen muss – sofern er

(der Idiot)

> es überhaupt so genau wissen will.

Ich hebe hier hervor, dass ich beim Kauf von Nahrungs- oder Genussmitteln keine wirkliche Wahl habe, weil die Vielzahl vergleichbarer Produkte ihre Beurteilbarkeit reduziert. Und dass ich im Fall der erfolgreich erfragten Zusatzstoffe nicht die notwendige Kenntnis zum Beurteilen hätte. Denn die hat nur der betreffende Diener beim Hersteller. Oder nicht einmal der. Er kauft ja möglicherweise auch nur Komponenten zusammen. Die wiede-

rum aus Komponenten zusammengesetzt sein werden. Der Chemiker, den ich Diener nenne, wird im Fall guten Wollens alle Inhaltstoffe desjenigen Endprodukts aufzählen können, für das er geradestehen soll. Alle Wirkungen aller Komponenten muss er über Internet zusammensuchen. Der Endverbraucher hat die nötigen Kenntnisse schon gar nicht, so renitent er auch alle Zusatzstoffe aus der Verkäuferin rausquetscht.
Jemand könnte mich daran erinnern, dass es die „streng kontrollierten" Bio-Produkte gibt.
Bio-Produkte werden unter Konkurrenzbedingungen erzeugt. Wer sich aus Anstand an produktverteuernde Auflagen hält, kann seine Wettbewerbsfähigkeit ganz schnell vergessen.
Nur staatlicher Zwang und staatliche Kontrolle können unbedenkliche Nahrungsmittel noch am sichersten garantieren. Ich sage „noch am sichersten"; die Erfahrung hat ja gelehrt, dass der Anteil der Unzuverlässigen oder Korrumpierbaren einer Partei, eines Parlaments, eines Staates mit allen seinen Beauftragten, immer größer als null ist. Wesentlich größer, wenn's um Geld geht. Wenn Geld <u>nicht</u> im Spiel ist, kleiner.
Wer Achtung vor dem Menschen nicht nur leer dahinsagt, darf nicht zulassen, dass Produktion, Vertrieb und Kontrolle von Nahrungs- und Genussmitteln in freier Konkurrenz betrieben werden. Sinngemäß, und das nicht nur am Rande bemerkt, gilt das natürlich ebenso für das Gesundheitswesen, das Verkehrswesen, das Post- und Fernmeldewesen, die Energiewirtschaft und das Schulwesen. Was vergessen?
Weiter im Text:

> 305 solcher Substanzen sind in Deutschland für Lebensmittel erlaubt, die gut 2500 Aromen nicht hinzugerechnet. Alle diese Zusatzmittel müssen auf der Verpackung angegeben werden. Der Verbraucher findet sie unter ihrem gebräuchlichen Namen, etwa Geschmacksverstärker, deklariert, oder sie werden durch eine so genannte E-Nummer (E wie Europa) kenntlich gemacht. Die größte Menge steht dabei jeweils am Anfang, die kleinste am Schluss der Liste.
>
> „Heutzutage benutzt man Zusatzstoffe, um Kosten zu sparen." Erklärt Dr. Thomas Braumann, Vorstandsvorsitzender bei „Frosta". Braumanns Ansicht nach sind solche Hilfsstoffe nur dazu da, um minderwertige Rohstoffe besser aussehen und schmecken zu lassen.

Er verzichtet auf Zusatzstoffe. Sagt er. Der Zulieferer der einzufrostenden Ware auch? Wer garantiert das? Als Zulieferer steht *der nicht* unmittelbar im Zentrum des öffentlichen Interesses. Und bei der Primärerzeugung von Nahrung (mit Düngung, Schädlingsbekämpfung, Medikamentierung …) kann schon der Beste nicht mehr die Garantie für Unbedenklichkeit übernehmen. Erst recht nicht unter den Bedingungen kapitalistischer Konkurrenz.

> Glücklicherweise …

Glücklicherweise! Das ist jetzt schon Fatalismus. Das ist Wortschatz eines, der resigniert. Der selbst die Hosen voll hat. Es sagt nichts anderes als: Wenn es schlimmer wäre, dann wäre das dann eben Pech. Eben nur Pech. Aber jetzt haben wir Glück.
Also:

> Glücklicherweise sind zahlreiche dieser Zusätze unbedenklich, wenngleich meist überflüssig – so, wie beispielsweise der synthetisch hergestellte Farbstoff, der Butter ihr goldgelbes Aussehen verleiht. Doch es gibt auch Zusätze, die mittlerweile im Verdacht stehen, unsere Gesundheit zu gefährden.

Das gefällt mir. Das ist nämlich tröstlich. Wenn ausreichend viele erstickt oder sonst wie krepiert oder nur erkrankt sind, dann braucht man diese Mittel nur noch zu verbieten, und weg sind sie.
Die Todesursache muss natürlich unwiderlegbar der Genuss einer dieser Chemikalien sein. Da muss der Lebende zusehen, dass er ein genaues Ess-Buch führt. Und immer schön fragen. Und die Hinterbliebenen müssen nun nur noch in aller Sachkenntnis den richtigen Anwalt bezahlen und schon ist der Tote im Handumdrehen im Recht und kann sich frohlockend auf die andere Seite drehen. Sofern er Rauch ward, sei er bitter beweint.

> Im Tierversuch förderten hohe Dosen pilztötender Mittel, die bei Zitrusfrüchten eingesetzt werden – z. B. E 320 (Biphenyl), E 231 (Orthophenylphenol) und E 232 (Natrium-Orthophenylphenol) – Blasenkrebs.
> In Marzipan, Nougat und Knabberartikeln, vorgekochter Getreide-

kost und Tütensuppen befinden sich oft Gallate, auch unter den Bezeichnungen E 310, E 311 und E 312 im Handel. Diese Substanzen beeinträchtigen (im Tierversuch) die Infektabwehr und sind mögliche Allergieauslöser.

Und:

E 310 führt bei Säuglingen zu lebensbedrohlicher Blausucht. Es darf zwar der Babynahrung nicht zugesetzt werden, ist aber in typischen Produkten für Kinder enthalten (siehe oben).

Die Mutter spricht: Mein lieber Kleiner! Heute bist du noch klein. Bist nur ein Säugling. Du gierst vergebens nach E 310. Nimm das hier. Ja, das. Das ist E 309, das können wir schon mal versuchen. Aber nächste Woche, wenn du dann Kleinkind bist, dann kriegst du E 310. Dann knabbere. Daran wirst du knabbern.

Häufig tragen diese Zusätze harmlose Bezeichnungen, zum Beispiel „Geschmacksverstärker". Das sind jedoch Stoffe, die Kopfschmerzen auslösen können. Außerdem erhöhen sie den Appetit, und das führt zu Übergewicht.

Das alles ist der Tatbestand der Körperverletzung oder der versuchten Körperverletzung, Betrug und Hinterlist!
Mit Billigung des Bundesministeriums für Verbraucherschutz, des Bundesministeriums für Umwelt, des Bundesministeriums des Inneren: Kriminalität!

Obendrein täuschen Geschmacksverstärker über tatsächliche Inhaltstoffe hinweg. Allergiker müssen aufpassen. Vor allem Lebensmittel-Allergiker haben es schwer. Für sie sind Lebensmittel oft

Wieso oft?

schwer einzuschätzen, deren Zutaten nicht deklariert werden müssen, wie etwa in Schokolade.

Wunderbare Welt!

> Auch manche zusammengesetzten Zutaten bleiben Geheimnis, etwa bei Joghurt mit Fruchtzubereitung (Pulver).
> Machen diese Zutaten weniger als 25 Prozent der Lebensmittel aus, darf eine genaue Kennzeichnung entfallen.

Also diesen Satz verstehe ich nicht. Volumenprozent? Massenprozent?
Die Bestimmungen sind sicher komplizierter, als der Text in so einer Zeitschrift sein darf. Differenzierter und nicht auf *eine* Verordnung beschränkt.
Je mehr Verordnungen, Untersagungen, Ausnahmen usw., desto mehr Lücken. Das ermuntert natürlich jeden Produzenten, der nicht auf den Kopf gefallen ist, in diesen aktiv zu werden, Unschärfen profitgerecht, gegebenenfalls mit Hilfe pfiffiger Anwälte, zu schärfen. Da steh ich da. Da stehst du da.

> Gleiches gilt für Zusätze, die bei der Herstellung verwendet und später dem Nahrungsmittel wieder entzogen werden, etwa Entschäumer bei der Kartoffelverarbeitung.

Restlos, versteht sich. Entfernen ist ganz leicht.

> Auch deklarierte Zusätze sind nicht unproblematisch. Konservierungsstoffe wie E 214 (Para-Hydroxybenzoesäure), E 215 (PHB-Ethylester, Natriumsalz), E 216 (PHB-Propylester) sollen Fischprodukte und Feinkostsalate frisch halten. PHB-Ester können die Zunge betäuben, im Mund brennen und lösen relativ häufig Allergien aus. Im Tierversuch wirken sie gefäßerweiternd, betäubend und lösen Krämpfe aus.
> Es lohnt sich also, genau hinzuschauen.
> Fast alles, was in Pizza, Eiscreme & Co drin ist, muss auch auf der Verpackung stehen.

Hoffentlich sind es mehr als 25 %, sonst steht es eben *nicht* drauf.
Und: <u>Fast</u> alles ist doch wenigstens mehr als nichts.

Was jetzt kommt, beruhigt mich. Der schon lange in mir schlummernde Fachmann für Lebensmittelgifte wird wach und geht mit mir, dem Dummchen, zur Verbraucherzentrale, denn:

> Wer genau wissen will, was sich hinter den Bezeichnungen und E-Nummern verbirgt, kann sich bei seiner Verbraucherzentrale die übersichtliche Broschüre „Was bedeuten die E-Nummern?“ besorgen.

Das Verbrechen bleibt erlaubt. Aber es wird gewarnt. Das finde ich nun wieder gut. Diese Ordnung der Dinge des Lebens kann ich empfehlen. Dazu empfehle ich die Bundesrepublik Deutschland.
Mein Wende-Frohsinn dauert schon dreizehn Jahre. Eine chronische Krankheit.

2003

Nein, es ist nicht nur in dieser einen (deutschen) Republik so. Vergiften, Betrügen, Schönfärben … sie sind Erscheinungsformen des gewöhnlichen Kapitalismus.
Da ich schon am Zitieren bin, zitiere ich aus Karl Marx' kommunistischem Manifest, 1848 (!), deutsche Ausgabe 1872 (!).

> „Die Bourgeoisie kann nicht existieren, ohne die Produktionsinstrumente, also die Produktionsverhältnisse, also sämtliche gesellschaftlichen Verhältnisse fortwährend zu revolutionieren. Unveränderte Beibehaltung der alten Produktionsweise war dagegen die erste Existenzbedingung aller früheren industriellen Klassen. Die fortwährende Umwälzung der Produktion, die ununterbrochene Erschütterung aller gesellschaftlichen Zustände, die ewige Unsicherheit und Bewegung zeichnet die Bourgeoisepoche vor allen früheren aus. Alle festen, eingerosteten Verhältnisse mit ihrem Gefolge von altehrwürdigen Vorstellungen und Anschauungen werden aufgelöst, alle neugebildeten veralten, ehe sie verknöchern können. Alles Ständische und Stehende verdampft, alles Heilige wird entweiht, und die Menschen sind endlich gezwungen, ihre Lebensstellung, ihre gegenseitigen Beziehungen mit nüchternen Augen anzusehen.
> Das Bedürfnis nach einem stets ausgedehnteren Absatz für ihre Pro-

dukte jagt die Bourgeoisie über die ganze Erdkugel. Überall muss sie sich einmischen, überall ausbauen, überall Verbindungen herstellen. Die Bourgeoisie hat durch die Exploitation des Weltmarkts die Produktion und Konsumtion aller Länder kosmopolitisch gestaltet. Sie hat zum großen Bedauern der Reaktionäre den nationalen Boden der Industrie unter den Füßen weggezogen. Die uralten nationalen Industrien sind vernichtet worden und werden noch täglich vernichtet. Sie werden verdrängt durch neue Industrien, deren Einführung eine Lebensfrage für alle zivilisierten Nationen wird, durch Industrien, die nicht mehr einheimische Rohstoffe, sondern den entlegensten Zonen angehörige Rohstoffe verarbeiten und deren Fabrikate nicht nur im Lande selbst, sondern in allen Weltteilen zugleich verbraucht werden. An die Stelle der alten, durch Landeserzeugnisse befriedigten Bedürfnisse treten neue, welche die Produkte der entferntesten Länder und Klimate zu ihrer Befriedigung erheischen. An die Stelle der alten lokalen und nationalen Selbstgenügsamkeit und Abgeschlossenheit tritt ein allseitiger Verkehr, eine allseitige Abhängigkeit der Nationen voneinander. Und wie in der materiellen, so auch in der geistigen Produktion. Die geistigen Erzeugnisse der einzelnen Nationen werden Gemeingut. Die nationale Einseitigkeit und Beschränktheit wird mehr und mehr unmöglich, und aus den vielen nationalen und lokalen Literaturen bildet sich eine Weltliteratur.
(Marx Engels, Dietz Verlag 1955, 2 Bde., Bd. 1, S. 26, 27)

„Sie (die Bourgeoisie, Anm. Schmid) hat die persönliche Würde in den Tauschwert aufgelöst und an die Stelle der zahllosen verbrieften und wohlerworbenen Freiheiten die *eine* gewissenlose Handelsfreiheit gesetzt. Sie hat, mit einem Wort, an die Stelle der mit religiösen und politischen Illusionen verhüllten Ausbeutung die offene, unverschämte, direkte, dürre Ausbeutung gesetzt …
Die Bourgeoisie hat alle bisher ehrwürdigen und mit frommer Scheu betrachteten Tätigkeiten ihres Heiligenscheins entkleidet. Sie hat den Arzt, den Juristen, den Pfaffen, den Poeten, den Mann der Wissenschaft in ihre bezahlten Lohnarbeiter verwandelt."
(ebenda, S. 26)

Da ist sie doch schon, die Globalisierung, in deutlichstem Deutsch! Vergleiche diese Sprache mit dem heutzutage zur Gewohnheit verkommenen politischen Gewäsch über „Globalisierung"! Es ist schon automatisiert und liegt im Kleinhirn (runder Staunemund) jederzeit zur Verfügung.
Nichts hat sich geändert am Kapitalismus. Seine Strategien sind die eines gut organisierten Karzinoms.
Das ist allerdings vorangekommen. Das kommt weiter voran und stirbt erst mit dem Wirtsorganismus.
Noch erscheinen Tochtergeschwülste wie Lebenshilfen. Moden und törichtes Nachplappern von verzaubernden Lügen sind hilfreich, weil sie anästhesieren. Aber eben nur das. Palliativdrogen! Zu diesen zählt das Neuwort „Globalisierung" mit dem frech gelogenen „hat sich so ergeben" und dem dreist fatalistischen „ist nun mal so".
Entmutigend ist, dass Krebs und Wirt einvernehmlich auf ihrer Grabkante die Beine schaukeln und „Ich sehe was, was du nicht siehst" spielen.
Krebs macht Spaß, alles in allem.

*

– Woran ist der denn bloß gestorben?
– Globalisierung!
– Und der war doch *so* gesund.

2006

Über Mode, 1

Wir laufen, als Jogger verkleidet, durch den Wald. Morgen gehen wir mit Stöcken, übermorgen ohne Stöcke, aber mit angewinkelten Armen, später hinken wir hundert Schritte im Wechsel, dann kommt eine Zeit, in der wir mit der Nase wedeln, mit einem Buch wedeln, dann wird es schick, ein Buch mit Tragegestell vor dem Kopf zu tragen, dann ist ein bestimmtes Buch vorgeschrieben, dann hält der Zug endgültig in Pisa – nein! Nicht endgültig. Die Entwicklung geht ja weiter. Wohin!
Wir gehorchen und gehören anderen: Moderatoren, Werbetextern und

ruhmsüchtigen Machern. Wir tun, was wir tun, weil es „angesagt" ist. Sage keiner, dass der Geschlechtstrieb und der Trieb zur Selbsterhaltung die Nummern eins und zwei sind. Mag sein, das war mal so. Trieb Nummer eins ist Herdentrieb. Nummer zwei ist, nach irgendeiner Pfeife tanzen. Der Geschlechtstrieb ist abgeleitet auf den Genuss von Pornografie, und der Selbsterhaltungstrieb – wer ist denn überhaupt noch er selbst?

Wir sprechen, essen, kleiden uns nach der Mode. Wenn es *nur* unsere Kinder und Halbwüchsigen wären – die sind ja naturgemäß Suchende, Missbrauchbare. Nein, wir alle sind es.

Dazu die in Mode gekommene Versiechung der Sprache – Gott, oh Gott! Umweltverschmutzung. Sag ich mal. Herausforderung. Konzertiertes Handeln. Der Verantwortung stellen. Auf dem richtigen Weg … Alles leere Worte. Mitmachworte.

Auf dem Strand, am Meer, haben Wellen kleine Haffs ausgewaschen. Auf ihnen schwimmt Schaum, der sich nur langsam wieder zu Meerwasser zurückbildet. Eine Gruppe von Spaziergängern nähert sich, eine Gängerin bleibt in entrüstetem Erstaunen vor diesem kleinen Schauspiel stehen und sagt das: „Der Schaum, sieh mal! Ekelhaft! Das ist doch wieder sone Umweltverschmutzung!"

Ich lehne ab zu glauben, dass sie weiß, was sie meint.

Sie sagt ein Wort, von dem sie weiß, es funktioniert. Sie ahmt nach. So sprechen Vögel. Sie wüsste es besser, wenn sie wollte. Das Wollen ist abhandengekommen. Durch zu viel Information. Nicht durch zu viel Wissen. Wissen ist nicht Mode. Information ja.

2003

Ganz gezielt

Gezielt und getroffen. Die Leute am Schießstand klatschen angetan. Sowas aber auch! Dass die das noch geschafft hat. Eine Medaille ist jetzt drin, das ist mal sicher. Hierherzukommen hat sich gelohnt.

Später, in einem ganz kurzen Gespräch, sagt sie: Ich bin sehr glücklich. Mein Trainer stand an der Loipe, da, hinter der letzten Kurve, und hat mir zugerufen: Jetzt nur noch das Schießen! Es ist knapp, Simone! Ganz ruhig

sein! Du kannst das! Tja und dann stand ich da. Ganz ruhig. Einatmen, ausatmen … Entregungsspannung, das trainiert man. Dann das Schießen. Das ist nur Zielen – plopp, Zielen – plopp … ganz maschinell, da sind alle Gefühle weg. Also Hoffnung, Wille … verstehen Sie?
Und atmet durch. Und strahlt.
An einer Berliner Schule (einer „Problemschule") spricht eine Lehrerin: „Wir hatten dann mehrere Lehrerkonferenzen, der Senator für Bildung hat uns sogar besucht. Wir haben schließlich eine Lösung gefunden. Jetzt wenden wir uns ganz gezielt an die Acht- bis Zehnjährigen …"
Da ist sie lächerlich. Entwertet. Mir erscheint sie wie *keine* Lehrerin. Vielleicht ist sie wirklich keine. Sprachkompetenz hat sie *nicht*. Sowas ist kein Ausrutscher. Das ist leere Sprechroutine. Das Werkzeug des Lehrers ist Sprache. Nur durch seine Sprache ist der Lehrer Lehrer. Nicht durch recht und schlecht bestandene Prüfungen.
Sie ist als Lehrer nicht kompetent. Und sie wird es nie sein. Kompetenz ist nicht erlernbar. Das liebe Schwälbchen ist aber unschuldig. *Sie* ist unschuldig. Es gibt so viele schöne Berufe. „Lehrer" war gerade frei.
In der Sendung „Wir im Kiez" kommt eine Pediküristin vor, die was zu ihrer Arbeit sagen soll. Sie sagt: Wir bieten unseren Kunden vor allem ein Wohlfühl-Ambiente und wenden ganz gezielt alle unsere Erfahrung an, damit sich die Kunden bei uns wohlfühlen …
Sagt sie noch was? *Hat* sie was gesagt?
Es muss um Füße gegangen sein.
Die Kanzlerin will jetzt ganz gezielt die deutsch-chinesischen Beziehungen verbessern. Das muss jeden erfreuen. Auf jeden Fall diejenigen, die sich ganz gezielt wünschen, dass auch manches andere noch besser wird. Wenn sie doch schon mal am Zielen ist.

2007

Über Mode, 2

Einer Mode gehorchen ist applaudieren. Moden bestimmen Kleidung, Sprache, Körperhaltung, Lebensgestaltung, Kunst, Literatur, Architektur, Straßenbau … ja, wo bestimmen denn Moden eigentlich nicht?

Dieses Applaudieren ist kein spontaner Applaus wie im Konzertsaal oder nach einem gelungenen Vortrag in der Trimm-dich-gesund-Gruppe. Hier befindet man sich auf eine sehr erweiterte Weise in Resonanz zum Anregenden. Es werden bewusste Erwartungen erfüllt, Erwartungen, die durch Vernunft, oder wenigstens durch Nachdenken, entstanden sind. Moden aber haben etwas Gefährliches, sie bedienen sich emotionaler Steckenpferde und sind der kontrollierenden Vernunft nicht zugänglich.

Gruppenzugehörigkeit – ich komme noch mal darauf zurück. Sie ist ja eine von mehreren Bedingungen für die Existenz als Mensch. Der Sicherheit, die die eigene Gruppe bietet, steht die Gefahr, der ich mich aussetze, wenn eine feindliche Gruppe meine Andersartigkeit erkennt, im gleichen Maß gegenüber. Im Kriegerischen sind Zugehörigkeitsmerkmale lebensrettend. Als Erkennungsmerkmal wie auch als Bindemittel. Im Militärischen genießt einheitliche Kleidung allerhöchsten Vorrang.

Seit grauen Vorzeiten erfüllt Sprache zwei Bedingungen. Sie stellt Verständigung innerhalb der Gruppe sicher und garantiert Erkanntwerden nach Abwesenheit. Eine Feder kann sich jeder an den Hut stecken. Wer aber so spricht wie wir, der gehört zu uns. Komm rein.

Jeder von uns ist ja (oder fühlt sich als) Sympathisant oder wirkliches Mitglied in zahlreichen Gruppen. Diese Gruppen wiederum sind Realität oder Fiktion. In unserer inneren Welt haben sie in beiden Fällen die Bedeutung determinierender Vorhandenheit. Zugehörigkeit zu einer Gruppe macht stark. Aus diesem Grund sind Moden notwendige gesellschaftliche Erscheinungen. Aber eben: Vorsicht!

Zur Verfügung stelle ich gern den Gedanken, dass Divergenz von ursprünglich einheitlicher Sprache zu verschiedenen Sprachen nicht nur ein zwangsläufiger und vom Willen der Beteiligten unabhängiger Vorgang gewesen sein muss. Sprach- und Sprechwandel können auch ein Akt absichtlicher Veränderung des Vorhandenen gewesen sein. Gruppenfestigende Gebräuche in jenen fernen Zeiten waren lebensnotwendig. Sind es auch jetzt. Moden nennen wir gruppale Bestrebungen, deren Notwendigkeit wir *nicht* erkennen. Sie werden nicht unbedingt Mode genannt. Wenn Mode so genannt wird, stecken Geschäfte dahinter.

In jüngster Zeit kommt die Mode auf, in bestimmten deutschsprachigen Kreisen den seit Lessing, Herder und Goethe gebräuchlichen Essay (französisch, Betonung auf der letzten Silbe) durch den im englischsprachigen

Raum durch Francis Bacon in die Literatur eingeführten Essay (Betonung auf der ersten Silbe) auszutauschen. Bedeutungswandel kann ich nicht erkennen. Hier wird nicht ersetzt, was ersetzt werden muss, es ist die Wirkung einer Mode auf bestimmte reaktionsfreudige Schichten; die ersten Züge einer gruppalen Ausflockung. Ohne Manifest zunächst. Die Attraktion besteht in wer weiß was. Vielleicht ist es nur schick. Vielleicht ist es schon Religion.

Ich habe evolutionäre Quelle und Rechtfertigung für Moden gefunden und will dem Heranwachsenden vor mir auf der Straße die Bierflasche gern nachsehen, auf seinem Weg in die Schule. Ich habe nun das rechte Verständnis. Er trägt nicht nur die Flasche, er trägt auch die schwere Bürde des Gruppen-Gehorsams. Ich bin angefüllt mit Mitleid. Mitleid ist allerdings Mode. Helfen nicht, da muss man nämlich vorher lernen: Wie liebt man Trinker?

2007

Über Mode, 3

Presse und Rundfunk („Massenmedien") bestimmen die öffentliche Haltung und Meinung. Unabhängig von ihrer Qualität. Sie *sind* Öffentlichkeit. Was öffentlich gebräuchlich ist, ist, zunächst für eine unbestimmte Zeit, verbindlich.

(„Gebräuchlich" ist Gewohnheit mit unbestimmter Dauer. Öffentliche Brandstiftungen, öffentliche Gewalt an Menschen sind noch nicht „gebräuchlich" und also noch nicht verbindlich. Aber öffentlich wird, und von der Öffentlichkeit bereits akzeptiert, Brutalität schmackhaft gemacht.)

Was ein Volk will, wonach es trachtet und sich vielleicht sogar sehnt, spiegeln die (Massen-)Medien wider. Diese Wechselbeziehung zwischen Meinungserzeuger und Meinungsverbraucher ist ziemlich stabil und gehorcht Gesetzen. Ein Gesetz lautet: Angestrengtes Erwerben von Wissen ist anstrengender als dösiger Verzehr von Vorgekautem. Wenn also Medien leichte Nahrung verabreichen, liegen sie im Kampf gegen andere, die mühevolle Denkprozesse anregen wollen, leicht, schnell und dauerhaft vorn. Wenn Verblödung wegen Unterernährung einsetzt, ist der Sieg sicher. Die

Verabreicher werden favorisiert, ein geschlossener Wirkungskreis auf energetisch geringstem Niveau bildet sich, in den fremdes nicht mehr eindringt. Schulen sind, nur als Beispiel, sowas „Fremdes". Alles, was mit Schule zu tun hat: Lehrer, Lehrpläne, Schul-„Systeme" …, ist wirkungslos, weil ja Kinder, Lehrer, Eltern, Nachbarn … – wer denn eigentlich nicht? – rechtzeitig vors Fernsehgerät gesetzt wurden oder längst davorsitzen. Oder Antenne Brandenburg hören.

Vorbei, vorbei, Deutschland! Und guten Appetit bei leichter Kost!

Weint da einer? Übers Pisa-Zeugnis? Es sind Krokodilstränen.

Krokodilstränen weinen ist Mode. *Das* macht stark im kollektiven Krokodilsschmerz: Dass man auf dem Laufenden ist und mit der Mode geht. Einem Fragenden von einem anderen Planeten würde ich sagen: Moden – Moden sind bei uns auf der Erde sehr in Mode gekommen.

Aber – dass Leute auf ihren Jacken den Aufkleber „Schützt die Wälder" tragen, ist doch schön, oder? Wälder schützen ist doch vernünftig.

Aufkleber tragen ist gerade Mode. Wälder schützen ist gerade Mode.

Keine wirklich schädliche, das muss ich zugeben.

2007

Brutaler Dienst Handball

Viele Wörter veralten. Nutzen sich ab, trifft genauer. „Umweltverschmutzung" ist nicht mehr nur abgenutzt, es ist auch entleert.

„Stuhl", „Ehre", „Nase" nutzen sich nicht ab. Sind Grundwortschatz. Grund-Begriffsschatz. Nicht kürzlich zu einem Sachverhalt passend erfunden. Ur-Inventar.

„Wutverzerrt" – auch sowas Leeres, Abgedroschenes. Ich benutze es mal. Auf der Titelseite der „Berliner Morgenpost" vom 25. August 2004 stürmen junge Männer mit wutverzerrten Visagen, verrenkt in fanatischer Gier zu töten, direkt auf die Kamera zu. Der Leser zuckt. Dieses Bild macht Angst. So grölt eine zum Pogrom aufgepeitschte Meute. So überrennen Schläger, Zerstörer.

Jetzt aber halt! Lies doch erstmal!

Lese, lese, lese …

Sieh mal an!
Wie Lesen doch bildet. Ich erfahre nämlich, es sind nicht Mörder im Sturm, sondern Handballer nach einem gewonnenen Spiel gegen andere (die nach *ihrem* Sieg sicherlich ebenso „gewinnend“ „gelächelt“ hätten).
Es muss an den jetzt üblichen Fotoapparaten liegen. Die können den Frohsinn des Siegers nicht mehr so richtig abbilden. Wo das Zelluloid früher subtile Hirnzustände wie Freude, Heiterkeit, auch Güte analog widerspiegeln konnte, wird im digitalisierten Bild das Positive im Menschen leider weggerechnet.
Na, vielleicht sind sie ja alle nur gedopt, und ihr wahres Gesicht kennen allein die liebenden Ehedamen und die hoffentlich gesunden Kinder, und es ist gar nicht die Technik.

2004

Kalte Küche

Es ist kalt geworden. Die Finger sind klamm. Die Heizung hinter mir heizt. Das ist bei offenem Fenster für die Katz und nicht abstellbar. Frostschutz. Warum sitze ich hier? Nachts ist es schön. Ringsum wird geschlafen, selten höre ich einen Autolärm.
Noch seltener ist es auf dem Wasser laut. Ist ja Winter. Dann fahren nur die langen Schubeinheiten vorbei mit Kohle fürs Kraftwerk.

Lietzen vor dem Fenster, deren Rufen wie ein Knall ist.
Und morgens, wenn du sagen wirst: Ich war da, aber er war nicht da. Morgens, wenn der Schlaf so tief ist wie eine Vorwegnahme.

2004

Wärmere Küche

Es ist halb drei, nachts, und ich werde von nachtaktiven Tieren umflogen. Eine gewaltige Menge kommt von draußen hierher ins Licht, Drosophila kommt von drinnen.
Wer Äpfel hat, hat auch Drosophila. Günter hat mir Falläpfel mitgebracht.

Alle sind mir lieb. Die Flieger, unter denen im frühen Juni eine ganz und gar stumpfsinnige Art vorherrscht, deren Hin- und Herfliegen um die Lampe kein anderes Ergebnis hat als den frühen Tod durch Übermüdung, und die Spinnen, die bei mir ihren Wohnsitz haben.
Zwischen den Stäben der kleinen IKEA-Lampe auf dem Küchentisch hat eine ganz junge Kreuzspinne ihr Rad aufgespannt. So klein sie noch ist, das kann sie schon. In vier Wochen wird sie ihre Endgröße erreicht haben, das Angebot an Lebensmitteln ist groß.
Und ich? Bin ich auch – groß? Nicht nur das.
Ich wäre Gott, den sie sich ausdenken würden, wenn sie denken könnten. Ich bin gut zu ihnen, mächtig und wohlwollend, wenn's nicht zu bunt wird. Sie würden mir Kathedralen bauen und zu mir beten.
Auch Widersprecher gäbe es: Wo ist er denn, euer Gott? Na? Es gibt ihn nicht, basta!
Sie hätten keine Chance. *Sie* nicht und nicht die Gläubigen, mich je zu erfahren. Es fehlen die notwendigen Verknüpfungen zwischen den Ganglien. Wie es uns ja auch nur geht, sinngemäß.
Morgens sammle ich mit dem bunten Feudel die Spinnen von den Wänden, vor allem von der Decke, und drehe sie vor dem Balkongitter ins Freie. Später, sehr, sehr viel später, könnten sie ihre Mythen drucken und darin stünde:

… und es kam eine mächtige bunte Wolke und warf uns hinaus.

Jedes wöchentliche Auskehren wird für die Betroffenen das erste Mal sein. Das ist immer eine Generation. Ein Zehnhochzwanzigstel aller Ereignisse wird tradiert.

… warf uns aus dem Paradies.

Ich bin kein Gott. Aber in einigen Welten bin ich *wie* Gott.

2003

Teewagen

Was ich überhaupt nicht brauche, das ist ein Ständer fürs Fahrrad. So einen, den man vor der Kaufhalle mit dem Fuß nach unten klappt, auf den sich dann das leicht angekippte Rad stützt.
Ständer fürs Fahrrad rechne ich zu den überflüssigen Dingen. Im Vergleich mit einer Kennzeichenbeleuchtung für Teewagen, mit Einbau-Anleitung, erscheinen sie wiederum nützlich.
Die Produktion nichtnotwendiger Güter ist gewiss eine ernsthafte Verrichtung. Es wird ja gebogen, gebohrt, verzinkt und verpackt wie für anderes auch. Aber lacht sich, zum Beispiel, der Vertriebsleiter nicht doch ins Fäustchen? Vor den Auslagen stehen sie Schlange, und er soll nicht lachen?
Kunstblumen … ich habe mein Leben in der Überzeugung verbracht, dass sie dem gesunden Gefühl für Seriosität ins Gesicht schlagen. Dann trat B. in mein Leben.
Kunstblumen sind vertretbar. In einigen Fällen. Bedingt.
Denn sie sind symbolisch zu nehmen.
Daraus folgt Vertretbarkeit. Oder?
Ja, so muss es sein.
Reinigungsnadeln für Gießkannen, 40 Eurocent das Stück, mit Halterung, was symbolisieren die wohl? In welchen Kreisen? Gold ja! Gold symbolisiert Beständigkeit, Seltenheit, Reichtum. Ist Gold dadurch „vertretbar"?
Mir scheint jetzt „vertretbar" nicht mehr vertretbar.
Gold ist nach Tausenden Jahren aus der Symbolrolle zu wirklicher Bedeutung geschlüpft. Neben Titan und Yttrium ist es unter die teuersten Werkstoffe gedrückt, nein gerückt. Ist Gold nun vertretbar oder nicht?
Ich brauche keinen Fahrradständer. Wenn ich einen geschenkt kriege, baue ich ihn nicht an. Ich habe auch keinen Teewagen.

2003

Selbstzahler

Wir sind einfach zu gut. Zu fähig. Unangemessen perfekt. Was wir tun, ebenso. Wo wir einen einfachen Schraubendreher benutzen könnten, nehmen wir eine Maschine, die den Schraubendreher dreht. Ein kleiner Kosmos mit Hunderten Teilen … diese Maschine kann mehr, sicher.
Unsere Hauptbeschäftigung, neben gelegentlichem Schraubendrehen, dem unerlässlichen Studieren verschiedenster Bedienungs- und Wartungsvorschriften für unsere Geräte, dem Reparieren oder Reparierenlassen dieser Hilfseinrichtungen, unsere Hauptbeschäftigung ist Vernachlässigung. Wir verkommen in Unbenutztheit.
Verschleiß ist noch das wenigste. Schlimmer sind die Staus und Verharzungen, die Verblödung durch Gewöhnung, die folgenlosen Versuche, Heilung in Paris oder Venedig zu suchen. Immer ist schon einer da.
Wenn man groß genug ist, sollte man zu einem gehen, der geschickt ist im Großreinemachen, Abrüsten, Vereinfachen. Was könnte der alles wegschmeißen, ohne uns wehzutun. Oder, noch besser, die Mutter sollte rechtzeitig hin, ehe wir über uns selbst stolpern.

– Was solln der mal werden?
– Na – ich weiß nicht so recht … Denker vielleicht?
– Das müssen Sie wissen.
– Ja! Denker!
– Dann reduzieren wir die ganze Mechanik.
– Oder – ’n großer Sportler?
– Noch besser! Hm – da tragen wir ein bisschen Gehirn ab. Die ganze Chemie krempeln wir um – lässt sich machen. Fußballer? Bergsteiger? Tennis oder Schwimmen? Wir haben diverse Sets. Dies kommt raus, das kommt rein …
– Ach – lieber einfach ’n guter Mensch.
– Dann lassen wir ihn so.
– Aber – kommt er auch durch?
– Ich gebe Ihnen hier einen Satz Panzerplatten.
– Schönen Dank auch.
– Die Rechnung kriegense später.
– Die bezahlt er selbst.

2005

Dunkles Loch nach dem Lärmen

Mit einer gemochten Dame, die in diesem Buch nicht vorkommt, außer an einigen Stellen, Brigitte eben, war ich eines Tages im Zoo in Eberswalde. Nebenbei gesagt ist die Bekanntschaft folgenlos geblieben. Schade drum, aber so bin ich leider. Ich wäre hier und da gern anders. Nicht geändert. Ändern dauert zu lange.

Im Zoo in Eberswalde hat die Verwaltung einen erregenden Münzschlucker aufgestellt. Ein hyperbolischer Trichter, groß genug, dass der erquickliche Vorgang des Abhandenkommens lang genug dauert, wird mit einer Münze gefüttert. Dazu findet man am oberen Rand eine schlitzförmige Startbahn mit Gefälle. Die eingelegte Münze rollt heraus, rollt, spiralig kreisend, immer tiefer, immer schneller und lauter auf immer engeren Bahnen bis zum dunklen Loch und, platsch, landet im Sammelbehälter.

Stille.

Im Weitergehen geht mir durch den Kopf: Auf einer Ebene könnten wir ewig leben. Aber unvermeidlich geraten wir früher oder später in den Trichter.

Des Ameisenlöwen, murmelt die Ameise.

2004

Passivlärmer

Macht eine gezündete Atombombe Lärm? Ja schon, aber sagen kann man es nicht so.

Schreiende Kinder machen Lärm. Schreiende Kinder, die sich verletzt haben, nicht. Autoverkehr macht Lärm. Partys machen Lärm. Alles ist Lärm, was wir gegen unseren Willen hören *müssen.*

Seit dem Ende der Stummfilmzeit ist es laut auf der Erde geworden. Seit der Massennutzung von Tonkonserven noch lauter. Der Lärm erobert die letzten Nischen. Kein Pissoir ohne Musiklärm, keine Sauna, kein Restaurant, kein Skilift … Lärm, Lärm, Lärm.

Diesen Lärm machen ist billig. Ein Orchester unterhalten, oder nur eine kleine Band, ist teurer. Und die Leute vom Orchester müssten mal schlafen. Elektrisch-elektronische Lärm-Geräte nicht.

Ein Betreiber fummelt an der Programmierung … so! Einschalten! Und die Welt ist um viele Kilowatt lauter. Er geht seiner Wege. Null Aufwand. Nur Energiekosten.
Gespenstische Vision: Die Lärm-Einschalter vergessen das Ausschalten, werden alt und versterben. Sind tot. Aber ihr Lärm bleibt.
Solange die Kraftwerke rauchen.

Sogar leise Musik ist Lärm, wenn sie ungewünscht ist.
Den leisesten Lärm macht ein ausgeschaltetes Radio.
Hinter dem ausgeschalteten Radio aber dröhnt die elektromagnetische Dauer-Explosion einer Atombombe aus Rock, Pop, Rap, Blues, Oper … U und E, alles auf einmal.
Ich bin sehr froh, dass wenigstens meine Augen lärmtaub sind.

Andere zum Mitrauchen zwingen ist sittenwidrige Flegelei. Das Verbot kompensiert den verlorengegangenen Anstand nicht.
Andere unter Lärm setzen schlägt dem Anstand natürlich ebenso ins Gesicht. Es hat allerdings Tradition und kam schon immer als Kultur daher.
Nicht der Rede wert?
Ich würde wirklich kein Wort darüber verlieren, wenn die Menschen es wären, die Lärm machen. Das wäre nur lästig. Es sind ihre Maschinen. Und die sind um viele Zehnerpotenzen leistungsfähiger.
Wenn in der Nachbarwohnung der dritte Satz aus Mendelssohn-Bartholdys Italienischer Sinfonie unter Simon Rattle, knackig angesagt in Klassik-Radio, angedroht wird, stecke ich Ohropax in die Ohren, die armen, die keine Klappen haben.
Er hat es nicht verdient. Nun ist er nur noch Lärm.

2008

In der Schwebe

Zum Schluss war ich ganz leicht. Warum? Tja – Krebs. Nicht totzukriegen. Da bin ich hierhergefahren. Von dieser hohen Klippe habe ich in Reisemagazinen gelesen. Und da stand ich. In großer Pose sah ich mich um. Mit Abschiedsblick.
Schöne Welt.
An diesigen Tagen erscheint das Meer wie eine Ebene. Hier oben bei mir blühen noch die Robinien. Ihr süßlicher Duft war die letzte Begleitung meiner letzten Liebe. Dann blühten die Linden, dann gab es wieder mal einen Jahrhundertsommer, da konnte ich mal wieder sehen. Und ich sah, ich war müde.
Nun wohl, sagte ich. Ja wirklich: Nun wohl! Das ist sonst nicht meine Sprache, ich sagte also: Nun wohl, springe ich.
Dann sprang ich.
Vertikale Winde sind immer schwer einzuschätzen. Ich wählte die falsche Seite. Zunächst fiel ich ganz ordentlich, dann langsamer, dann hing ich fest. Der Wind. Und da hing ich.
Nachmittags kamen zwei aus Anklam vorbei. Liebenswerte junge Leute, und wir redeten uns fest. Sie haben mir viel von sich erzählt, das hat auch mich geöffnet. Als die junge Frau das erste, lähmende Staunen überwunden hatte, schrieb sie das hier alles auf. Da wollte ich leben. Da schrie ich Wind, Wind, Wind! Da war ich gar nicht mehr leidenschaftslos, da brüllte ich. Dann frischte der Wind auf, die beiden mussten sich fest an eine nahe Robinie klammern, der junge Mann konnte mich mit großer Mühe reinziehen, und da stand ich wieder da.
Jetzt aber los! Zu Kerstin? Nein, zu Agnes.
Agnes sagt: Schreib's auf. Und ich sage: Hat sie schon.
Wenn Agnes eifersüchtig ist, hat sie asymmetrische Muskelspannung im Hals. Im Anatomieatlas, sage ich, habe ich gefunden, es ist der Musculus sternocleidomastoideus, Agnes. Da wird die Haltung des Kopfes eine ungerade.
Und sie hat einen Blick, und ich neige den Kopf so zur Schulter, dass wir beide ein symmetrisches Ganzes sind, und küsse sie. Und ich sage Agnes, Agnes, das war ein schöner Wind.

2003

Cäcilie

Angefangen hat es mit einer Postkarte.
Friedlich grasen Schafe in der Abendsonne. Angehimmelt rötlich sinkt sie hinter Weiden und Wäldern und fernen Stäuben. Späte Bienen, und von weither andächtiges Läuten von Glocken … Abendkitsch eben.
Cäcilie tritt aus dem Haus. Rosig beleuchtet, frisch wie Milch und Honig, bewirkt sie bei den Schafen Schweißausbruch. Sie wissen, Cäcilie hat morgen Geburtstag und heute wird geschlachtet. Cäcilie wird sechzehn. Oder zwanzig. Sie schwitzen, es quillt und päng!
Das klingt unerhört, und ist doch nur die Folge meines Nachdenkens.
Jetzt erscheint alles einfach. Natürlich, Einzelheiten sind noch unerklärt. Eine ist: Worin liegt der Fehler Cäciliens? Und vor allem: Sechzehn oder zwanzig WAS?
Diesen Kleinkram überlasse ich anderen, ich muss weg. Dass mir das noch eingefallen ist, in letzter Minute. Ich wüsste nicht weiter.

2003

Zwiespältig

Zwiespältig ist nicht zweispaltig. Zwiespältig ist einspaltig oder nullspaltig. Leicht einzusehen.
In schwereren Konflikten spricht man nicht von dreispältig, vierspältig und so weiter, andererseits gelten im Fall der Zwiespältigkeit die Beziehungen:

Spaltigkeit = Spältigkeit – 1
oder auch: Spaltigkeit = Spältigkeit – 2

Denn: Auch Männer werden befallen.
Einspaltige begrüßen wir häufig erfreut, zum Beispiel mit „Hallo, Claudia!“ Zwiespältige Einspaltige bringen nach hinreichender Wirkungsdauer Missmut ins Zusammenleben, auf eine harmonische Beziehung zu hoffen kann versucht werden, weil Hoffen grundsätzlich was Positives ist, Hoffen kann aber Zeitverschwendung sein. Das muss bedacht werden.

Vielspältige nennen wir Zerrissene. Oberhalb einer gewissen Spältigkeit ist der Mensch flüssig oder mehlähnlich, gießbar ohne feste Form und muss uns leidtun.
Der Extremfall am unteren Ende, die oder der Nullspältige, nach obigen Gleichungen die – 1-Spaltige beziehungsweise der – 2-Spaltige, sind erst recht nicht zum Mitnehmen geeignet. Entweder ist das Kompakte, das gespalten sein könnte, schon das kleinste Denkbare, oder es ist gar nichts da. Im Zug nach Groß Bademäusel neben so einer/-m sitzen … lieber laufen. Groß Bademäusel hat sowieso keinen Bahnhof. Liegt nicht mal an der Bahn.

2007

Schrott

- Ein …
- Ja! Es ist –
- Lass mich raten. Siliziumverbindungen?
- Mehr.
- Kohlenstoff?
- Mehr.
- Leben?
- Mehr.
- Kommunikation?
- Mehr.
- Vernunft?
- Glaub schon.
- Aufgezeichnet?
- Klar!
- Vorspielen!

(Lärm von Lautsprecherdurchsagen, einer größeren Menge von hastenden, plappernden Menschen, Tastatur-Töne, Atmen)

Albo
Alko, biltz miltz
Naaa

Mrdl krdl
Naaa
Pfrdl
Kutn kaka, ä
Baldin
Tua tua
(Knacken, Stille)

– Das ist ja!
– Unglaublich, Chef, was?
– Das ist ja – also – der Durchbruch! Leute! (Getrappel) Leute, am heutigen Tag
– Chef! Sind Sie noch dran?
– Ja! Was gibt's noch?
– Falsch übersetzt.
– Waas? Das ist doch
– Wollen Sie das Original?
– Klar! Natürlich! Sofort!

(Lärm wie oben)
Hallo!
Hallo, bist du's?
Ja.
Schön.
Ja.
Und sonst?
Na ja.
Na dann.
Ja, du auch.
(Knacken, Stille)

– Hm – Schrott! Schade. Weitersuchen!
– Schade. Ja Chef. Kommt vor.

2007

Die Große Spülung

Einen Unfalltoten bedauern wir. Wir weinen, wenn er einer von uns ist. Zehn Unfalltote heischen zehnmal tieferes Bedauern. Das ist uns schon fast nicht möglich. Wir können noch die Hände hochreißen.
Trauer ist nicht vervielfältigbar. Hundert Tote, zehntausend Tote … da ist uns vielleicht einfach übel. Mehr nicht.
Jetzt, drei Tage danach, überschlagen sich die Medien. Sind es sechzigtausend Tote? Oder siebzigtausend? Oder was? Schalten Sie wieder ein. Wir melden uns alle zwanzig Minuten aus der Region. Schalten Sie wieder ein. Weggespült. Wie Ameisen bei einem Rohrbruch.
Alle unsere Gefühle sind nichtlineare Reaktionen auf die Umwelt. Das erklärt den großen Anteil von falscher Wertmessung bei Kriegen, Wahlergebnissen, Massenunfällen auf Autobahnen, Bankpleiten oder eben diesem Tsunami. Wir reagieren auf *alles* unangemessen.

2004

Epilog und erster Nachgeschmack

Damit ich in die Tiefen tauchen könnte, fehlen mir die Tauchwerkzeuge. Die Tauch-Befähigung fehlt mir auch. Wenn ich aber, zum Beispiel im nächsten Leben, in dem ich mich hoffentlich an das jetzige, das ich dann Probeleben nenne, und zwar Probeleben 1, in dem ich mich also an das jetzige erinnere, wenn ich dann – und dann? Dann aber! Und mit Fehlern, wie im vorigen. Und im dritten? Im vierten? In jeder Kindheit wird es dasselbe sein: Wenn ich groß bin, dann …

Szene

(Die Menschheit, komprimiert zu einer Person)

Menschheit: Wenn ich groß bin, dann (geht nicht ab. Dimmer)
Ende

Probe-Menschheit oder letzter Versuch, sie war – sie *ist* schon großartig, so ohne Lehrer.
Und geht, na?
– drauf.
– ihren Weg.
– zu weit.
Zutreffendes kreuze ich an, wenn ich Bescheid weiß. Im nächsten Leben.
Noch weiß ich gar nichts.

2005

Teil 2
In Ewigkeit Amen

Augenhöhe

Eine Ameise hat auf einer glatzenblanken Erdoberfläche einen Horizont von hundertsechzig Metern. So ein kleines Tier! Zwei Millimeter hoch! Hundertsechzig Meter!
Und jetzt erst: Sobald sie sich aufrichtet, werden das leicht zweihundertdreißig Meter. Damit hat wohl keiner gerechnet.
Was nun folgt, ist schon selbstverständlich.
Die aufgerichtete Ameise kann eine unaufgerichtete in, sagen wir, vierhundert Metern Entfernung nicht sehen. Vermuten ja. Sehen nicht. Jene nichtgesehene Ameise kann leicht zur fixen Idee werden.
Was macht die erste?
Richtig! Sie geht los.
Nach fünfzehn beschwerlichen Metern, mal aufrecht und mal nicht, aber immer auf dem richtigen Weg, ha! Eine Ameise. DIE Ameise!
Hat sich gelohnt. Betastung, Trennung – Man sieht sich!
Wenn ich das schon höre!
Im *Spiegel* sieht man *sich*. Zu zweit sieht man im Spiegel *sich* und *einander*. Das Zweite über Kreuz, sozusagen. Kann sein, man erkennt sich oder einander wieder. Natürlich nur dann, wenn man sich selbst oder einander schon mal gesehen hat. Das wollte ich alles gar nicht sagen.
Ich wollte sagen, sofern ich die hundert Kilometer nach Groß Mehßow auf einer Tangente zurücklege, sehe ich es aus achthundert Metern Höhe. Da! Das ist mein Haus. Ameisen sehe ich nicht.
Da bleibe ich auf der Fahrt nach Groß Mehßow lieber in Erdnähe. Jeder kann das leicht nachrechnen. Oder fernsehen, das ist ein Ausweg. Aber da fällt ihm die Decke auf den Kopf und das Leben ist vorbei. Das geht schnell. In wenigen Millisekunden ist die Augenhöhe nur noch verschwindend klein, wenn das Wort überhaupt noch passt.
Es war gemütlich, mehr konnte er nicht erwarten.

2010

Traumhaus

Null-Erlebnis, Abendsonne, Stille, Stillstand, gestillter Hunger, hier leben? Keine Rückfahrt, wo Tag und Nacht Staus drohen, das wäre schon schön. Aber die Tachykardien. Aber die Prostata. „Du weißt nicht, was du willst." So will ich das auch wieder nicht hören. Ich höre was anderes. Knistern, Bröckeln, seufzendes Holz, das ist die Sprache meines Hauses: Ich zerfalle.

Traumhaus, sagen die Leute mit Inkassovollmacht. Schön haben Sie's hier, und entschuldigen Sie, Sie liegen hier so abgelegen, na, nichts für ungut. Nichts für ungut.
Sie parken auf der Wiese und fragen als Erstes, ob ich ein gewisser, eben der Gesuchte bin.
Ich möchte nicht der Gesuchte sein.
Danach wollen sie keinen Kaffee und sind unfroh.
Aber auch in meiner Wohnung in Schöneweide hab ich's gut. Lietzen tauchen mit schwachem Platsch nach Muscheln, und zum nie verstummenden Stadtrauschen habe ich ein Verhältnis der Vertrautheit. Dass die Leute ihre Flaschen aus großer Höhe in den Container fallen lassen, finde ich allerdings beschissen, und würde nicht zögern, ihnen den Hals umzudrehen, wenn es sich träfe.
Das ist Schöneweider Text. Könnte auch gut Groß Mehßower Text sein. Aber da hab ich Bessres zu tun.

2010

Brett oder Scheibe

Alle wünschen sich ein Brett vor den Kopf, ein buntes.
Kein Wunsch ist leichter erfüllt als der. Flachbildfernseher stehen ja rum.
*Flach*bild – kein glückliches Wort.
Nun frisch gekauft! Fernsehn satt! Nein, auch wieder nicht. Fernsehn kriegt keiner satt, klar. Ich dachte an die Fischschwemme, die regelmäßig wiederkehrende, und das Angebot in den nördlichen Speisehäusern.*

* „Fisch satt!"

Also fernsehen: Fernsehen stillt den Hunger nach Information und befriedigt die Sehnsucht nach Unterhaltung. Information wird, ähnlich füttert man Rinder, in Form von Pellets** hingeschüttet. Wer schon satt ist, wer sogar schon zum Platzen satt ist, will immer noch mehr. Immer noch mehr. Hirnmast.
Die Folgen der Dauerernährung mit Informationspellets sind eben nicht Gewinn von Wissen und Denkfähigkeit, sondern Unsicherheit beim Unterscheiden zwischen gut und böse, Nachlassen der Fähigkeit, Personen und deren Inhalte zusammenzubringen, und allgemeine geistige Koordinationsschwäche, in deren letzter Phase versucht wird, durch Kreuzworträtsel oder Sudoku irreparable Schäden am Hirn zu reparieren. Ohne solche Gewalt wären vielleicht noch letzte Reste psychischer Gesundheit zu retten, nun werden die in letzter Sekunde auch noch missbraucht, vergeudet und mit Füßen getreten, und das Ende vom Lied: Verbaler Schmutz und visueller Lärm sind Wohltaten geworden.
Und Unterhaltung. Flache Hand ins Gesicht: Kopf knallt in den Nacken. Faust in den Magen: Kopf schleudert zurück. Backpfeife links, Backpfeife rechts, Kitzeln, Backpfeife, Faust, Knie, Backpfeife …
Mehr! Mehr!
Zum Schluss lachen wir uns tot. Brett vorm Kopf.

K. sagt: Ich weiß nicht, ich weiß nicht, kann man das so schreiben?
Herbert D. K. beanstandet die Inkonsistenz. Brett (immer aus Holz) und Bildschirm (nie hölzern) erwecken den Eindruck gewollter Spielerei mit untauglichen Mitteln. Da hat er recht. Besserwisser. Keiner hätte es bemerkt. Dann schreibe ich eben: Einer, der eine Scheibe hat, ist einer, an dessen Vernunft am besten gezweifelt wird.
Eine reale Scheibe ist rund oder oval. Scheibe ist andererseits der Name des Fensterglases. Bovis hat, wenn er auf der Scheibe seines Fernsehers die Welt sieht, die Illusion, er sehe die Welt.
Ich sage messerscharf: Bovis sieht seine Scheibe.
Bovis wäre nicht Bovis, wenn ihm jetzt ein Licht aufginge.

2010

** muss nicht erklärt werden

Wer von uns hat nicht

Zu diesem explosiven Thema lese ich verschmitzt in der größten Berliner Anzeigenzeitung mit der größten Auflage das hier:

Wer von uns hat nicht Schwierigkeiten beim morgens Aufstehen. Vor dem Aufstehen kündigen sich schon die ersten Anzeichen an. Das ist kein Einzelfall. Unsere Psyche ist ein kompliziertes Gemisch von Antrieben und Hemmungen, lächelt Sandra D. vom psychagogischen Studio in Berlin. Mir geht es genauso, fügt die gelernte Fachfrau verschmitzt hinzu. Wir raten unseren Patienten, Ruhe zu bewahren und das Schöne im Leben Revue passieren zu lassen, lächelt die Fachfrau fachmännisch. Dieser Herausforderung müssen wir uns stellen. Wir raten unseren Patienten immer, ein Allheilmittel gibt es nicht. Wir sind ja bei den heutigen Belastungen leider immer wieder im Aufbruch, das ist die Krux. Aber, rät sie verschmitzt, unsere Recherchen sprechen ihre eigene Sprache. Jeder zweite Deutsche leidet unter diesem verbreiteten Syndrom, fügt sie wissend hinzu. Im Alltag geht das Leben ja weiter. Hier hat sich ein einfaches Hausmittel bewährt: einfach aufstehen. Sandra D. leitet das psychagogische Studio in Berlin W. Mehr dazu unter *www.psychosandra.de* oder telefonische Hilfe unter

Hier breche ich verschmitzt ab. Vermutlich mehrmals die Null oder einfach aufstehen.

2010

Zugbrücke bitte beim Schleusenwärter melden

Und was das Schärfste ist: Das Schild steht mit dem Rücken zur Zugbrücke. Was denkt sich der Schleusenwärter? Die Zugbrücke soll zu ihm kommen? Die achtzig Meter kann er ja wohl auch zu ihr gehen.
So Schilder in Versuchsdeutsch gehen meistens daneben. Bei mir hier, in Schöneweide, wird so was alles auf Englisch geschrieben. Versuchsenglisch, versteht sich. Viele sprechen noch Deutsch.
Der obige Aufruf erscheint wie der Versuch einer Ellipse. Das ist nun wieder

ehrenwert. Gute Ellipsen brauchen, ehe sie sich setzen, Jahrzehnte. Dem Schleusenwärter auf dem Holzweg könnte einer empfehlen, Deutsch zu lernen, und erst dann vor Publikum zu probieren.
Kürzlich begegnete mir eine andere, spontane Ellipse. Ich war mit dem Rad auf dem Friedhof und eine Dame, nun ja, eine Frau, ruft mir hinterher: Friedhoffahren verboten.
Ich vermute, sie meinte damit, ich solle noch lange leben und die letzte Fahrt auf den Friedhof meiden. Gut gemeint. Verbieten aber, verbieten kann sie diese letzte Fahrt nicht. In Deutschland haben wir ja die Friedhofspflicht.
Soll auch sie lange leben, die liebe Dame, mit Fahrrad oder ohne.

2008

Kein Bein im Auge

Vor fünf Tagen ist mir was ins Auge geflogen. Nichts zu machen. Reiben nicht und Eigenspülung nach Umschleimung hat vielleicht eingesetzt, aber nicht aufgeräumt.
Dann ging ich zur Ärztin. Dann war es vorbei und sie fragte: „Haben Sie einen Vogel?“
Nein, ich habe keinen Vogel. „Nämlich“, sagt sie, „das ist eine Spelze. Vögel werfen so was rum.“
Kein Insektenbein, sondern eine Spelze. Sieh an.
Ansehen kann man die Spelze im Auge keinem.
Mit Brigitte war ich bei Werchow in den Pilzen. Letzten Herbst. Da fanden wir Kühe. Auf einer Wiese mitten im Wald. Brüllende Kühe, kein Mensch zu sehen.
Ihr Herr Besitzer wird einen Erstjob haben. Irgendwo, da kommt er erst abends. Wegen der Milch. Ist nicht auf Du und Du mit den Kühen. Zweitjobobjekte. Arme Schweine. Früher, ja früher –
Kühe hatten Namen. Verbreitet war „Hanna“.
Hanna, warum brüllst du? Hast du eine Spelze im Auge?
Hanna ist jetzt einfach Kuh 9 und brüllt vor Schmerz.
Vielleicht sind sie ja auch der Erstjob, und der Herr denkt auf dem Heim-

weg aus seinem Callcenter: Mann! Die Kühe! Wenn die nur nicht immer so brüllen würden. Ich fahr schon gar nicht mehr gern hin. Aber die Milch.

2008

Schwer zu finden

Wären Sie eine von den Diagonalleserinnen, dann würden Sie vielleicht auf die eine Stelle stoßen, die sogar mir beinahe gefallen hat. Da, wo der Kowalskyi, warten Sie mal, nee, weiter hinten, hm – findichjetznich. Kowalskyi, schon mal von dem gehört?

Kurz vor Redaktionsschluss kam der Chef ausgerechnet zu mir: Hier schreib mal was dazu schließ dich vorher mit dem Kowalskyi kurz sonst kriegen wir Ärger. Sag ihm dass ich dich damit beauftragt habe hier vorn was – also irgendwas muss hier rein. Hier ich zeigs dir mal ja ungefähr sowas wie ne Ermunterung nein kein Lob wofür denn das nein vielleicht könnten wir zehn oder zwanzig Exemplare – kommt ja nichts bei raus. Na bezahlt hat er ja.

Und so weiter. Das bin *ich* jetzt wieder. Schon mitgekriegt, seh schon. Ich bin verstehen Sie – verstehen Sie nicht? Das verstehe *ich* nun wieder nicht. Hab ich doch erklärt.

Haben Sie bis hierher gelesen? Blättern Sie mal ein bisschen weiter, noch weiter, vielleicht finden Sie doch noch die Stelle, die ich oben gemeint habe, gibt ja nur die eine – aber nicht kaufen! Davon würde ich abraten. Wär schade ums Geld.

– – –

Zurück vom Blättern? Die Stelle nicht gefunden? – kann man eigentlich nicht übersehen. Da, wo der – mir gehts auch immer so. Also legen Sie das Buch wieder hin und suchen Sie was anderes. Liegt ja genug rum.

– – –

Sie sind noch da?

– – –

Noch nicht weg? Ihnen ist nicht zu helfen. Na dann: Viel Missvergnügen mit diesem Buch!

2010

Clarissa

Fünf Tonnen Blumenerde statt Kies? Was soll ich mit fünf Tonnen Blumenerde?
Seien Sie nicht dumm, sagt Clarissa. Kies ist gerade nicht da, Blumenerde ist im Augenblick spottbillig und Sie wollen doch nicht umsonst gekommen sein. Mit leerem Hänger würde ich nicht zurückfahren.
Clarissa ist eine schöne Frau.
Clarissa, denkt Norbert, Clarissa ist nicht auf den Kopf gefallen. Aber was sie da sagt, ist unsinnig, unerwachsen, unreif. Aber schön ist sie.
Frau Nachtreif, sagt er, pflanzen Sie Rosen in ihrem Neandertal, ich fahre Ihnen fünf Tonnen Blumenerde vor die Höhle, Sie obendrauf.

2009

Netzwerk

Wenzel hat Ischias und geht mit Schmerzen zur Straßenbahn. Ingo hat Carmen und geht mit Carmen zur Straßenbahn. Die verspätet sich oder kommt vielleicht gar nicht. Dadurch trifft Wenzel Tobias. Ingo und Carmen wohnen weiter weg und treffen ein. Tobias ist früher mal Carmens Schwarm gewesen, hat aber Katja geheiratet. Tobias grüßt Carmen, dann Ingo. Ingo ruft Wenzel, der jetzt herzukommt. Wenzel, sagt Ingo, du machst ein Gesicht. Carmen holt ein Spiegelchen aus der Tasche und beurteilt, was sie Ausstrahlung nennt. Carmen, denkt Wenzel, Carmen war auch mal hübscher. Die Straßenbahn kommt. Es ist die falsche. Ingo, Tobias und Carmen steigen ein, werden aber hinter dem Postplatz wieder aussteigen müssen. Wenzel ist jetzt wieder allein und macht das Gesicht von vorhin. Jochen kommt vorbei, dann erst Herbert, der Jochen aber nicht mehr sehen kann. Jochen kehrt von irgendwo zurück, sieht Herbert und sagt „Herbert". Beide bemerken jetzt Wenzel, gehen zu Wenzel und sagen „Wenzel". Wenzel grüßt zurück, hat aber drüben vor einem Schaufenster Jennifer bemerkt. Betrunken. Wenzel sagt daher „Tja, ich muss" und geht (und hat Schmerzen) unbestimmt zu Jennifer, die jetzt auf betrunken-erstaunte Weise eine unsichtbar hinter der Scheibe lauernde Bedrohung abwehrt. Roy würde sa-

gen „typisch". Roy, der was übrig hat für Jennifer. Wenzel sieht auf Jennifer herab. Sucht aber auch ihre Nähe. Jetzt lacht Jennifer in das Schaufenster, und Wenzel sieht es jetzt auch. Herbert und Jochen kommen herüber und sehen es endlich auch. Und, Zufall? Roy steht überraschend neben Jennifer und sieht es auch.
Nachher gehen Jochen und Herbert zum Goldenen Hahn, Roy bringt Jennifer nach Hause und Wenzel geht wieder zur Straßenbahn.
Ingo und Carmen wird er erst Freitag wieder sehen, Tobias wird am späten Nachmittag noch mal vorbeikommen.

2009

Schmutzfink

Wie siehst du denn wieder aus! Was ist denn das? Alles, aber auch alles musst du anfassen. Halt mal still, Schmutzfink, ich mach dich sauber. Halt still, Bengel!
Später macht er sich nicht so dreckig, alles anzufassen und zu zerlegen wird er nicht aufgeben. Schwammig die Denk- und Beurteilungsmoden aufsaugend, wird er lernen, dass Ausschlachten einträglich ist. Waschmaschinen, Autos, elektronischer Schrott ... das war Schule. Jetzt sind es Menschen.
„... die hoffentlich tot sind, man weiß ja nie. Ich bin ja kein Arzt. Ich kucke mir vieles ab und arbeite jetzt Hand in Hand mit Kliniken und Hospizen. Intakte Nieren sind selten. Von zehn angelieferten taugen höchstens vier und von den restlichen sechs sind zwei, höchstens drei noch gut für Sechzigjährige, Sie glauben nicht, wie schwer manchmal die Qualitätsvorgaben einzuhalten sind. Aber ich komme zurecht. Das mit der Qualität muss man nicht so verbissen sehn. Wenn schwere Mängel allerdings, nachdem sie schon ausgeliefert sind, so was kann immer passieren, versetzen Sie sich in meine Lage, ich muss liefern. Aus einem Menschen entnehm ich übern Daumm dreißig Takes, wenn's hochkommt. Auf dem Listing stehn aber vierzig. Sehnse mal da, ja, die mit der großen Tasche. Wenn so was auf meinen Tisch kommt, also die Knie, ja? Könnse vergessn bei dem Gang. Und alles andere – höchstns elf, zwölf Takes. Mit so was kann ich einpacken.

Aber is ja selten. Meistens komm Unfälle. Aber tot müssnse sein! Dit machen einklich andre, aba uffpassn kann nich schadn, spart ne Menge Ärja."

2010

Mannheim

- Herr Mannheim, das Protokoll unseres Gesprächs legen wir dann zu den Akten. Gegebenenfalls dient es zur Vorlage bei der Staatsanwaltschaft. Sie verlangen diesen Eingriff vollkommen freiwillig und bei klarem Verstand, und Sie wissen, dass Sie mit fünfzigprozentiger Wahrscheinlichkeit nicht mehr aufwachen?
- Das weiß ich und das nehme ich in Kauf.
- Das Ziel des Eingriffs ist die Wiederherstellung verlässlicher Zeugungsfähigkeit. Innerhalb der Vorbereitungszeit, das sind etwa zehn Tage, können Sie von den Vereinbarungen zurücktreten. Wir müssen Ihnen dann die entstandenen Kosten in Rechnung stellen, da gibt es aber eine Obergrenze, Sie kennen den Betrag, ich schreibe ihn mal hierher (schreibt). Wir leisten zehn Jahre Garantie. Sie sind jetzt vierundachtzig?
- Vierundachtzig, ja – nach den zehn Jahren dann, das lässt sich nochmal machen?
- Prinzipiell ja. Das hängt von Ihrem Zustand ab.
- Nun dann! Schreiten wir zur Tat!
- Herr Mannheim, Sie tragen auch die Kosten, die entstanden sind, wenn durch eine Veränderung Ihres Zustandes, durch die der Eingriff unmöglich wird, der Eingriff, ähmm – unmöglich wird.
- Trage ich. Weiter!
- Sie kennen den Betrag, der übrigens wie der von hier oben (zeigt) als Maximalwert zu verstehen ist.
- Ja, kenne ich. Machen wir weiter!
- Das ist eigentlich – alles. Ja, was müsste noch rein – nein, das ist alles. Risiko, Zurechnungsfähigkeit, Kosten, ja, das ist alles. Unterschreiben Sie jetzt (M. unterschreibt). So, das wäre das Offizielle. Wir können dann beginnen. Seien Sie bitte um drei, ja, sagen wir drei, unten im

Labor. Und – bereiten Sie langsam Ihre Papiere vor, die im Falle – Sie wissen ja, fünfzig Prozent, nun ja, das ist schon klar, ich meine Testament und so – darf ich Ihnen eine Frage stellen?

– Stellen Sie, Doktor!
– Fürchten Sie nicht das – Misslingen?
– Ha! Ich fürchte die vergangenen fünfzehn Jahre. Leben und doch nicht leben. Vorhanden sein, aber doch nicht da sein. Das ist Nicht-Leben, verstehen Sie? Wenn ich nicht aufwache, dann setzt sich nur fort, was – wie alt sind *Sie*, Doktor?
– Ich? Ich gehe auf die fünfzig.
– Und? Würden Sie nicht?
– Ob ich – ich warte ab. In zehn Jahren wird das Risiko niedriger sein. Die Potenz ist nicht alles.
– Sie *ist* alles. Wenn es so weit ist, werden Sie es erfahren.
– Schlafen Sie jetzt.
– Nein! Ich muss telefonieren. Wie geht das hier?
– Fragen Sie mal unten am Informationsschalter. Ich weiß da auch nicht so richtig.

2008

Ich danke Ihnen

Verehrte Anwesende, ich danke Ihnen persönlich und im Namen des Veranstalters, dass Sie so zahlreiches Interesse an einem Vortrag bezeigen. Sie haben im Voraus bezahlt, da mussten Sie sich darüber im Klaren sein, dass Sie die Katze im Sack kaufen. Was Sie von mir hören werden, liegt bei mir, ähmmm – liegt hier vor mir …

Während des Vortrags haben Sie die Wahl: Sie können bleiben, die Zeit absitzen, wenn Sie glauben, Zeit bezahlt zu haben. Sie können auch gehen. Dann haben Sie Ihr Geld zum Fenster hinaus-, in jedem Fall in unser Fenster hineingeworfen. Dazu sind wir da.

Sie haben das Zuhören bei einem Vortrag gekauft. Nicht gekauft haben Sie den Vortrag oder den Vortragenden. *Wenn* der vorträgt, dann, damit auch künftig das Geschäft mit Vorträgen zu unserer Zufriedenheit abläuft.

Sie_kaufen Eintrittskarten (*Ihre* Leistung), wir verkaufen Eintrittskarten zu Vorträgen (*unsere* Leistung). Das ist die Geschäftsvereinbarung. Karte gegen Geld. Davon leben wir. Dafür arbeiten wir. Sie haben das Vergnügen. Und die Eintrittskarte.
Im Interesse der Sauberhaltung unseres Hauses, unserer Stadt und, wenn Sie so wollen, der ganzen globalisierten Erde, bitten wir Sie, die Eintrittskarten in die dafür aufgestellten Abfallbehälter zu (wendet sich nach hinten: Elke, muss ich jetzt „entsorgen“ sagen?), ja, also – zu entsorgen. Ich bin am Ende meines Vortrages. Ich danke Ihnen.

2007

Zweites Danken

- Doktor Wisser, ist die Welt erkennbar?
- Die Welt als solche sicher nicht. Im besten Fall wird das Wissen vom Universum und allem, was in ihm ist, eine ungeheure Menge von Gebrauchsanweisungen sein, die auf Millionen Hirne und andere Wissensspeicher verteilt ist. Und bedenken Sie: Die Gebrauchsanweisungen werden hinterherhinken. Das Universum entwickelt sich ja weiter.
- Wann werden wir wenigstens einen ersten vollständigen Satz von Gebrauchsanweisungen haben? Das Sammeln und Ordnen erscheint mir mehr als organisatorisches Problem. Und der aktuelle Stand des Hinterherhinkens kann ja durch einen jährlichen Anhang zugänglich gemacht werden.
- Ein Termin ist da schwer anzugeben. Keinesfalls vor Dienstag nächster Woche.
- (Für sich: Die Welt als solche! Im besten Fall! Ph!) Na, schönen Dank für so was! Ich muss schon sagen!

2007

Kein Interview

– Herr K., was ist es, was mir an Ihren Texten so gefällt? Verzeihen Sie den blassen Ausdruck.
– Sind wir allein?
– Es sind schon Leute da.
– Kann uns jemand hören?
– Nein! Wer schon. Liegt ja an uns.
– Wie haben Sie mich – woher kennen Sie mich?
– Man kennt Sie.
– Hm – Sie hatten mich was gefragt.
– Ja, das: Warum lese ich Ihre Texte gern?
– Warum
– Ja! Sie stapeln nicht hoch. Die Sprache ist einfach, wie zu Haus, Sie erreichen, dass der Verstand wach wird. Manchmal sagt der was anderes (manches ist bei Ihnen verworren), aber er liest mit. Er ist erregt. Ich pflichte Ihnen oft nicht bei, Sie erscheinen – außenstehend. Dann erkenne ich: Sie verstehen, Sie schreiben nicht bloß. Sie erzählen nicht irgendwas, von dem Sie wissen, es wird konsumiert wie – wie – ach, es wimmelt von nichtssagendem Gedrucktem – man kaufts, man liests, man gähnt – ich drücke mich falsch aus –
– Wie war Ihre Frage!
– Warum wollten Sie wissen, ob wir allein sind?
– Das sind jetzt zwei Fragen.
– Nun – was ist an Ihren Texten, was
– Ja, so – *die* Frage haben *Sie* schon beantwortet, und die zweite – was haben Sie noch auf dem Herzen?
– Das wäre mir lieb.
– Ich verstehe Sie nicht.
– Nein, ich meine, könnte ich Sie jetzt interviewen?
– Gespräch oder Frage und Antwort?
– Verstehe. Interview! Einfach ein Interview.
– Freut mich. Wie geht das?
– Ich habe hier so einen Handzettel.
– Und? Schießen Sie los.
– Gut (pustet ins Mikrofon, nichts). Keine Spannung? Was ist denn das!

– Das ist – keine Spannung. (Im Gehen:) Kommen Sie mit! Auf ein Bier.
– Aber meine Leute –
– Eigentum?
– Sie sind – ich komme einfach mit. He, Leute! Zusammenpacken!

2007

Symmetrie

Jetzt wird bis zur Verdrussgrenze über Kinder geredet. Unappetitlich begleitet von Schweißgeruch. Kollektive Prüfungsangst. Großes Thema, nichts Falsches sagen.
Nach der Wende waren neue Möbel Thema Nummer eins (Küchenmöbel vor allem), dann redete alle Welt darüber, wie die retardierten Leute in den neuen Bundesländern am hilfreichsten auf die rechte Seite gedreht werden können, dann über die Bedrohung durch Menschen, die uns nicht begreifen wollen, jetzt sind es Kinder. Missbrauchte Kinder, misshandelte Kinder … das wird abklingen. Neue Epidemien werden folgen.
Ich weiß gar nicht, warum die Menschen, was sie einander antun, nicht auch ihren Kindern antun sollen. Denn es ist, ich muss zu einem üblen Schlagwort greifen, Hilfe zur Selbsthilfe. Anders würden die sich nie zurechtfinden. Anders würden die gar nicht zu uns passen.

2010

Ivonne im Zug

Sie drückt sich die Nase platt an der Scheibe. Felder, Wälder, Industrien, Städte davor und Trinker an schnellen Imbissen. Bahnsteige – vorbei, Bahnhöfe – vorbei.
Seen, Gehöfte und Straßen, Straßen, Straßen. Und Autos. Die wollen alle wohin.
– Mutti, die wollen alle wohin.
– Wer, mein Kleines?

– Die Autos. Kuck doch mal.
– Ach, Kleines, nicht die Autos. Die Leute da drin.

Der Zug brettert, gut gefedert, gut gedämpft, gut gepflegt, gut klimatisiert durch die Welt, und, als hätte Ivonne das eben erst hier Gedruckte gelesen, sagt sie bewundernd: Der brettert aber los! Ja, sagt die Mutter.
Ivonne quengelt bald, will beschäftigt sein.

– Mutti?
– Jaaa?
– Wir wollen was spielen.
– Sieh mal, Kleines, ich lese gerade. Ich bin auch müde – kuck mal, ein schöner See, ein Angler …
– Alles schon gesehn, Mutti, mir ist langweilig.

Nach einer kleinen Weile schläft Ivonne, an die Mutter gekuschelt. Nach einer weiteren Weile hört sie, noch schlafend: Schläfst du noch, Kleines? Wir sind bald da. Räum schon deine Sachen zusammen. Ich muss noch mal wohin. Du auch? Dann komm, und dann müssen wir uns auch schon ranhalten.
Wer jetzt schließt, das ist ein Gleichnis auf das Dasein – nun – denkbar ist es. Ist ja alles drin. Die erste Neugier, die lange Langeweile, die letzte Entleerung und die Erkenntnis, dass alle irgendwohin wollen.

2010

Hochnebel

– Nach dem Reifen liegen sie da. Kampflos.
– Worüber sprichst du?
– Über das Klugwerden.
– Du bist ja auch klug.
– Nur aus deiner Sicht.
– Und aus deiner?
– Eher dämlich.

- Du warst im Selbstgespräch.
- War ich nicht. Ich sah dich ja kommen.
- Hab ich nicht bemerkt.
- Woran merkt man das?
- Was?
- Dass jemand einen kommen sieht.
- Das sieht man doch.
- Jaaa! Wenn man hinsieht. Du hast aber nach
- Du bist heute komisch.
- Ich sah dich kommen. Durch den Hochnebel mit hüpfenden Brüsten und ich war ein Krieger. Darum.
- Du bist schon einer.
- Genau passend.
- Bild dir bloß nichts ein.
- Kein Krieger. Merk schon.
- Kommst du essen?
- Mit dir?
- Also wirklich!
- Wirklich? Du bist mir sehr lieb.
- Ich liebe dich auch, Quatschkopp.

2004

Zwei Zeilen für Leistungsleser

- Sie spielen Schach?
- Nun ja, mehr so Wanderschach.

Da bleibt das Gespräch wegen Nichtverständnisses stehen.

Rudern ist, wie jeder weiß, ein ernstzunehmender Sport. Gemeint ist das Leistungsrudern, durch das ein Mensch unter Bedingungen, wie sie im Leistungssport zu erwarten sind, zu einem kompromisslos verlässlichen und bis zum Umfallen funktionierenden Uhrwerk, oder genauer und im Bild bleibend, Schlagwerk, umgebildet wird. Allseitige Muskelgesundheit, ein Kreislauf, der mindestens so lange hält wie bei anderen Leuten auch, die *keinen* Sport treiben, und Beifallsstürme sind die allerdings erfreulichen Folgen. Persönlichkeitsfestigend wirkt die, wenn auch begrenzte, Kompetenz, die entsteht, wenn etwas, in diesem Fall das Schlagen, von der Pike auf erlernt wird.

Die andere Art zu rudern ist das Wanderrudern. Artig bewältigt, ist es als „Rudern" nicht so ernst zu nehmen, ist gemeinsame Bedächtigkeit, zeit- und angstvertreibend und ein geeignetes Mittel, Stille zu vernichten. Das Letztere durch den Umstand, dass der Nebenmann eben kein Nebenmann, sondern Vorder- oder Hintermann ist und Mitteilungen gerufen werden müssen. Gespräche sind eher selten und werden im Keim erstickt. Gespräche gehören nicht zum Rudern, auch nicht zu diesem. Nichterstickte Gespräche sind untiefe, situationsnahe – eben Wandergespräche, im Gegensatz zu, von Denken und Nachdenken getragenen – Leistungsgesprächen. Großes Wort.

Das obige Nichtverständnis ist jetzt beseitigt.

Neben Schachspielen und Rudern verzetteln sich auch andere Sportarten in Leistungs- und Wanderzweig. Das kann sportartabhängig untersucht oder verworfen oder ignoriert werden, genaugenommen ist keine Betätigung immun gegen Zergabelung.

Der scheinbar unangemessen weite Bogen dieser Erläuterung ist für Leser auf dem einen, die ersten beiden Zeilen von oben, und nur die, sind für Leser auf dem anderen Zweig gedacht. Ab Zeile drei würden die nur ihre Zeit verplempern. Oder sie haben schon, weil sie nicht aufhören konnten.

2008

Enge

Geschwätzigkeit ist eine Krankheit. Andererseits hat sie was Gutes: Sie macht gesund.

Großherzig nächstenlieb nehmen wir sie beim Nächsten hin. Wie Durchfall oder üblen Körpergeruch. Beim Nächsten! Steht der uns wegen Nichtverwandtschaft oder biographischer Unverbundenheit ferner, ist Abneigung vertretbar. Wir lassen ihn links liegen. Wir lassen ihn nicht fallen, er liegt ja.

Geschriebenes Geschwätz kann mehr sein.

In einigen Fällen kann es was Bestechendes haben. Shakespeare, zum Beispiel, *hat* bestochen.
Die Erstbegegnung hat Hochstimmung bewirkt, beflügelt vom Bildungshunger eines gebildeten Kontinents, *vor* der Zeit profitgeiler Massenmedien. Deren heutige Allgegenwart lässt unschuldiges Hochgefühl nicht mehr zu. Sie peitschen auf, beim geringsten Wittern von Morgenluft, zu Hysterie und Pseudobegeisterung, Fanatismus und kultischen Fanatikerklumpen mit Satzungen und grundgesetzlichen Grundrechten.
Innergesetzlich leiden die Klumpen unter Durst, Lärm nach innen und außen und Gier nach Verewigung.
Während das Ver*klumpen* der Tagesmode gehorcht, gehorcht das Ver*klumpte* nur sich selbst. Massenautismus! Nie gehört. Aber unüberhörbar.
Und die Kunst? Wie geht's der Kunst?
Der gedruckten Literatur zum Beispiel – die Verlage haben auf Masse gesetzt und Wertmaßstäbe großzügig reduziert. Auch Verlage wollen leben. Zu viele neue Medien. Zu viel Gebimmel. Zu viel Geschwätz.
So entstehen, wie Metastasen des Nichts, Auswegliteraturen, Unglaublichliteraturen, Best-of-no-name-Literaturen ... immer gefolgt von Klumpen, sich verklumpenden Klumpen, so unverhinderbar wie Strudel hinter einem Schiff. Ausweglosigkeit auch in der Musik, den bildenden Künsten – mit einem Wort: Es ist ein Gedränge. Und, natürliche Folge: Ein Dauer-Tsunami aus „Kunst" erstickt die Freude an ihr und den Genuss. Und der Teufel weiß, was daraus wird.

Andererseits – nimm aus der Menge aller „Kultur"-Erzeugnisse alles Anrüchige heraus, da stellt sich schnell Armut ein. Leere Stühle, unbeleuchtete Dirigenten und Buchhandlungen for sale. Das ist auch wieder nicht schön.

2010

Hand aufs Herz

Na? Was fühlst du?
Es schlägt.
Vorbei die Zeit, als man vor dem Herzschlag Angst hatte. Man starb ja dran.

Jetzt heißt er Infarkt, und man stirbt nicht immer. Oder Herzkammerflimmern. Muss auch nicht tödlich sein. Sofern jemand mit dem richtigen Werkzeug zugegen ist.
Mit einem Wort, dein Herzschlag macht dich froh. Fühl genau hin. Du erkennst, ob du aufgeregt bist, ob deine Hormone im Gleichgewicht wirken und überhaupt alles so ist, wie es sein soll.
Das zum Stillstand neigende Herz, liest du, wird durch eine stetig pumpende Pumpe, unfühlbar und verlässlich, ersetzt werden. Mühelos, unermüdlich wird sie da ihre Arbeit verrichten, wo dem kranken Herzen das Pumpen nur noch unerträgliche Last war.
Herz raus, Pumpe rein. Betriebssicher mag die sein. Aber etwas wird fehlen.

Was fehlt dir denn? Du kuckst so leer.
Ach, mir fehlt eigentlich nichts. Du bist da, ich bin bei dir – nein, mir fehlt nichts. Aber vorhin – als ich allein war, da war eine Stille –
Früher, mit dem alten, kranken Herzen, da konnte ich fühlen: Ich lebe. Ich weiß ja, dass ich lebe. Ich weiß es aber nur, weil ich es wissen *will*. Fühlen – fühlen kann ich es nicht.
Ich wollte leben. Leben! Um jeden Preis leben! Ich kannte den Preis nicht.
In mir ist eine Trauer, die ich nicht bewältigen kann. Diese Trauer hat es Milliarden Jahre nicht gegeben. Darum gibt es keine Hilfe.
An dieser Trauer werde ich sterben, gesund mit intakter Pumpe.
In mir ist Leere. Du siehst es ja auch: Ich bin tot.

2007

Todtraurig

Kleopatra Susanna findet beim Aufräumen unter dem kargen Nachlass ihres Lebensgefährten Lars, der bei einer Prügelei im Beipack zu einem Pokalspiel umgekommen ist, das:

> Ich bewundere meinen Sohn. Wie kann er, der unter normalen Bedingungen großgeworden ist, mit einer Frau zusammenleben, die schon im Oktober den Weihnachtsbaum schmückt?
> Ich habe ja meinen Sport. Aber er, mein Sohn, wohin geht ER?

Kleopatra Susanna hat den zweiten November zum Aufräumen gewählt, weil heute die Solar-Oase nicht aufmacht. Jetzt sitzt sie unter dem Weihnachtsbaum und die Augen gehen ihr über. Aber nicht auf.

2010

Todernst, Orthopädie

– Ja?
– Ich brauche von Ihnen vielleicht eine Überweisung.
– Wohin denn?
– Zur Chirurgie
– Was ham Sie denn gemacht?
– Ich habm Holzsplitter in meiner Hand.
– Ja, das ist Chirurgie.
– Aber Sie haben doch auch mit Holz zu tun. Prothesen sind doch aus Holz?
– Nein, nein! Chirurgie ist schon richtig.

2009

Was gelernt

Von einem Stein erwarte ich nicht mehr, als von einem Stein erwartet werden kann: Bewegung nur durch Rempeln.
Von einer Schildkröte, die ich für einen Stein halte, erwarte ich, was ich von einem Stein erwarte. Geht sie weg, ist es eine Schildkröte.
Wenn ich Stein bin, ist die Welt einfach. Ich verwittere problemlos und höre Erdwürmer auf dem Umweg um mich, der ich, bedeckt mit Erde oder unbedeckt, keinem sonst im Weg bin.
Wenn ich Schildkröte spiele, ist die Welt schon komplexer. Da muss ich Spielregeln kennen.
Wenn ich Mensch spiele (eine Rolle, in der schon Bessere alt ausgesehen haben), muss ich Erwartungen erfüllen.

Die Hauptaufgabe des Menschen ist: Erwartungen erfüllen.
Sprechen, zuhören, zustimmen.
Ich stimme immer dem Falschen zu, dir aber, teure Herzdame, kann und will ich nie und nie widersprechen.
Manchmal fragst du: Du kuckst so schief.
Ich muss was sagen. Die Auswahl ist klein, ich sage: Unkleidsam!
Dann geschieht Stille.
Ich versuche, du zu sein und zu finden, was du findest: Auf so eine Antwort gibt es keine Antwort.
Ich verstehe. Ich bin ja kein Stein.
Das ist kein Zufall.
Ich lerne.
Auch aus diesem Text. Das: Wenn ich schon kucken muss, dann nur unschief!

2007

Halbwissen

Der Halbwissende steht manchmal schön da: Soll ich helfen? Soll ich eingreifen? Soll ich es sagen?
Sie aber tun, was zu tun ist. Der befürchtete Unfall bleibt aus. Nun ja, sie machen das oft. Es ist ihr Beruf.
Und der Halbwissende guckt in Büchern nach oder denkt an ein vernünftigeres Verfahren oder denkt einfach nur: Es passiert aber auch Ungewolltes. Es passieren aber auch Unfälle.
Halbwissen ist schlimm. Andererseits ist die Hälfte des Weißbaren eine beachtenswerte Menge.
Das Unbefriedigende am Halbwissens ist, dass immer gerade *die* Hälfte gewusst wird, mit der man nichts anfangen kann. Alter Hut.

Sie gießen eine Straße. Aus Beton. Ist es die richtige Mischung? Gerade die Zuschlagstoffe! Ich gehe nicht hin, um mich zu erkundigen. Ich stehe da und hoffe.
Oder Eisenbahnschwellen. Da kommen Fehler vor. Weiß man ja.

Oder Kräne stürzen um.
Oder Deiche brechen.
Leute, die mit Hilfe falschen Ehrgeizes die gewusste Hälfte für das Ganze genommen haben, sind dann schlecht dran.
Ohne Zweifel ist der Halbwissende dem Nichtwissenden gegenüber privilegiert. Nicht nur durch die Chance, größere Schäden anzurichten. Auch bei der Bezahlung. Im gigantischen Gebirge aus Schutt, das eben noch ein gigantisches Bauwerk war, sind beide gleich. Ihre letzte Wechselrede könnte sein:
Halbwisser: Scheiße! Das hab ich nicht gewusst.
Nichtwisser: Wer weiß schon alles!

2007

Fremdheit

Warum hat sich „Menschheit" durchgesetzt, aber Luchs-, Fuchs-, Wurm- oder auch Fruchtfliegenheit nicht?

Erste These:
„Luchsheit" oder irgendeine andere „-heit" haben nie mit „Menschheit" konkurriert. „Durchgesetzt" trifft den Nagel nicht auf den Kopf. Eher schon „behauptet".
Die Frage lautet dann: Warum hat sich „Menschheit" behauptet?
Die Antwort könnte sein: „Menschheit" steht für „unschlagbar". *Der* Name hat sich schnell rumgesprochen. Die Namen der Zweiten, Dritten und so weiter wechseln. Ein „-heit" haben sie nie verdient.
Zweite These:
Wir denken ichbezogen. Und wir denken nur in Sprache. Wir sind die Einzigen, die unsere Sprache verstehen. Dadurch fühlen wir uns als Gruppe, als Heit. Subjektiv ist unsere Sprache, weil wir subjektiv denken.
Wir sehen die Dinge und Erscheinungen der Welt von außen und geben ihnen Namen. In der Sprache einer Gruppe, einer Sippe, einer Kulturgemeinschaft und schließlich aller, die menschliche Sprache besitzen. Mit den Mitteln dieser Sprache dringen wir nicht in das Wesen irgendeines Objekts.

Andererseits befähigt uns unsere Intelligenz, die äußeren Parameter jedes beliebigen Objekts beliebig genau, und immer genauer, zu beschreiben. Wir dringen sogar *in* das Objekt. Das bewirkt zwar das Zurückweichen der Grenze, die Äußeres von Innerem trennt. Hinter einer Grenze aber, und nach immer genaueren Kenntnissen hinter einer letzten Grenze, ist das „Wesen", das „An sich" des Objekts, und das erkennen wir nicht. Wir kommen ihm asymptotisch näher mit steigendem Geräte- und Denkaufwand, es bleibt unerkennbar. Wir müssten mit ihm – identisch werden.
Uns, sozusagen, desubjektivieren.
Der Mensch (oder die Menschheit) ist, bei immer genauerer Kenntnis, ebenso nur Objekt. Allerdings gleichzeitig Subjekt; daraus ist wohl zu schließen, dass die krönende Selbsterkenntnis Illusion bleibt. Objekt und Subjekt können nicht eins sein. Das Subjekt reflektiert das Objekt in Sprache, und das Objekt ist nicht identisch mit seiner Bezeichnung.
Ist das nur Sprache oder objektives Gesetz?
Unser Wissen – nur Wörter. Wörter für Dinge, Gesetzmäßigkeiten, Zusammenhänge, Abhängigkeiten, Wirkungen und so weiter, und Wörter, die beschreiben, was man mit all dem machen kann und wie man es machen muss – Gebrauchsanweisungen eben. Handlungsanweisungen. Nur das.
Wahrscheinlich zählten „Ich" und „Wir" zum ersten Wortschatz. Der Mensch denkt stets als „Ich". Er macht die Erfahrung, dass alle anderen ebenso denken. Die Folge ist Gemeinschaftsgefühl. „Wir Menschen", „wir Menschheit", und es plappert. „Was machen wir als Nächstes?" oder "Der Winter kommt, wir müssen …", na was schon: was anstreichen, was bauen, was abreißen oder ernten oder überhaupt irgendwas anstellen.
Nun wird abgeholzt, eingeebnet, umgeleitet, angebohrt, bezwungen und gezwungen. Kein bequemes Dasein. Für beide Seiten.
Menschheit – eine große Familie, was?
Im Inneren, ja. Mit Raub, Mord, Schändung, Tränen, Heuchelei, Beleidigung, Diebstahl, Lüge, Betrug, Krieg und Versöhnung, den gewöhnlichen Vorkommnissen eben, süßlich aromatisiert mit Nächstenliebe. Dass einer den anderen nicht kennt, leuchtet ein, bei der Größe.
Und nach außen?
Nach außen tritt die Familie geschlossen auf: blinder Kraftmeier oder Elefant im Porzellanladen. Das wechselt. Die Ziele sind Besetzung, Zerstörung oder Ausbeutung, Vermarktung. In dieser Reihenfolge. Das hat immer wie-

der unerwartete Folgen. Dann guckt einer den anderen vorwurfsvoll an und jeder sagt zu jedem: *So* haben wir das nicht gewollt. Wir sind aber auf dem richtigen Weg.
Familie, immer im Aufbruch. Na ja.
Also wir Menschen – ich Mensch – wir –
Ist eine Sprache erstmal da, gehorcht sie sich selbst. Lautbildungsgesetze, Ableitungsregeln, Normen der Satzbildung wandeln sich nur in langen Zeiträumen, denn sie sind in die eherne Form der Gewohnheit gegossen. Der anthropozentrische Charakter der Sprache bleibt. Und der Name „Menschheit" bleibt. Er hat nämlich die wunderbare Eigenschaft, Eintracht vorzugaukeln.

Dritte These:
Es ist illusorisch, irgendeinen Aspekt zu finden, unter dem die Menschheit als Gesamtheit betrachtet werden könnte. „Menschheit" ist falsch.
Sieben Milliarden intelligenter Einzelteile – im unteren Viertel dominiert primitiver Kampf ums Überleben. „Menschheit" wird nicht gekannt und nicht erlebt.
In den mittleren Vierteln ist „Menschheit" schon Kneipenwortschatz und entfaltet seine hypnotische Wirkung im Festhalten mannigfaltiger Utopien. Diese Gläubigkeit ist religiöser Natur, daneben sehen wir aber auch atheistische Hingabe an diese Religion. Das Motto beider ist mit „Wird schon werden" ganz gut beschrieben.
Im oberen Viertel hat man den Durchblick. Im oberen Viertel ist man nicht vorherrschend dumm. Im oberen Viertel besinnt man sich gern auf tiernahe Verhaltensweisen, illusionslos, machtinteressiert – es ist die Ebene der Parteien, der Verbände und Bünde, der Vermarktung und Verbänkerung der Politik, der Labore und der Industrien, der Entzünder und Überreder und der unzulässigen Abstraktionen. Nicht so hochgestochen wie in Ebene zwei, sind die Interessen auf Handfesteres gerichtet: Straßenzüge, Wohnbezirke, Landkreise, Länder. Dann, fast oben, unverstanden, aber verheißungsvoll, Europa, und ganz oben die ganze Welt. Markt, Märkte, Weltmarkt. Alles reduziert auf „Markt". „Menschheit" kommt im Marktvokabular nicht vor. In den Medien allerdings macht es sich gut.
Der Ernährer der Medien ist die Mitte, die große Masse zwischen unten

und oben, in der „Menschheit", wenn auch falsch, aber immerhin verstanden wird.
Aus dem grob Angedeuteten ist das unvorstellbar hohe Niveau der Arbeitsteilung oder, um genauer zu sein: der Zersplitterung der Menschheit zu erkennen und es ist vernünftig, spätestens hier die traurige Wahrheit auszusprechen: Es gibt den Namen, aber es gibt nicht das Bezeichnete.

Und nun?
Der Mensch? Was ist denn nun mit dem Menschen!
Na, er ist unser ganzer Stolz. Herr der Welt.
Er wird allerdings nicht heimisch in ihr. Er räumt zu oft um. Er begeistert sich nicht an *ihr*, er begeistert sich an sich selbst. In seiner Selbstbegeisterung ist ihm die Welt zu klein. Und nichts ist, wie es sein müsste. Flüsse macht er zu Kanälen, Seen zu Speichern, Wälder zu Parks, die Dunkelheit zu Licht, den Schlaf zur medizinischen Vorsorge, das Gebirge zur Räuberhöhle und das Universum zur Festung, die er beharrlich berennt.
Ob das gut geht?
Richtig gesehen *wissen* wir überhaupt nicht, was gut ist.
Und was lese ich, indem ich den letzten Absatz lese? Es gibt ihn ja doch, *den* Menschen. Es gibt sie, die Menschheit. Da steht es ja geschrieben.
Kowalskyi, der stets Überlegene, hat recht. Ich habe mich übernommen.

2010

Todernst 2

- Sind Sie angemeldet?
- Ja. Kowalskyi. Ich habe ein Einzelzimmer bestellt.
- Kowalskyi heißen jetzt viele.
- Jengien Kowalskyi.
- Hmm – und wann kommen die anderen?

2008

Pechvögel

Ob Füße schön sind oder hässlich, ist Geschmacksache. Weitverbreitete Meinung. Lietzenfüße *sind* hässlich. Und widernatürlich groß. Lietzen – irgendwas müssen die angestellt haben, vor oder noch während der Schöpfung. Entenfüße waren doch gut. Warum denn so was!

2008

Rotes Tuch

– Hast du den letzten
– Hab ich.
– Und? Ist dir aufgefallen, dass
– Allerdings. Aber wer hat das
– Weißgerber.
– Der mit der
– Genau der.
– Der aus der Ärztin?
– Genau.
– Aber – der is dochn Spinner!
– Ebendrum.
– Kuck mal an!
– Kannste laut sagen.
– Weißgerber, Weißgerber – irgendwann kricht der das heimgezahlt.
– Von dir?
– Oder von wem was weiß ich. Son falscher Fuffziger!
– Na irgendwie ist er aber auch ehrlich.
– Kann ja sein. Spinnt und is ehrlich. Aber nich mit mir!
– Nee, mit dir nich.
– Der kricht was aufs Maul.
– Ohne Zeugen!
– Verbal!
– Da macht der sichn Scheißdreck draus.
– Nein! Dann steht er da!

- Und streitet ab.
- Und dann steh ich da.
- Da! Der Bus. Machs gut.
- Ja. Der Bus.

2008

Paloma

Wenn hier bei mir ein Schiff vorbeikommt, das Paloma heißt, sage ich laut vor mich hin: Das Schiff heißt Paloma.
Da kommt wieder eins. Es heißt Paloma.
- Sieh mal, Mutti, der Kahn heißt Paloma. Was ist Paloma?
- Nein, Carmen-Priszilla, das ist kein Kahn, das ist ein Schiff.

Die Antwort ist so aufschlussreich wie eine Backpfeife.

Carmen-Priszilla wächst heran, hat nun selbst eine Tochter und anlässlich einer Prügelszene in den städtischen Schluchten ruft die: Mutti, Mutti! Der kann nicht mehr! Der andere schlägt ihn noch tot!
Und Mutti sagt: Nein, Carmen-Roberta! Das ist kein ER. Das ist ein Mädchen in Jungenkleidern.
Autismus? Virus im Hirn? Nein! Routine, Selbstbeleuchtung. Elternschulen wären das Richtige. Da sehe ich allerdings Probleme. Wer wären die Lehrer? Aber Elternschaftsbefähigungsnachweise! Ohne Elternschaftsbefähigungsnachweis keine Elternschaft und keine geohrfeigten Kinder.
- Was muss ich tun, um einen Elternschaftsbefähigungsnachweis zu erwerben?
- Den erteilt Ihnen jedes Kind.
- Aber –
- Mit diesem Nachweis kommen Sie einfach zu uns. Ebenso Ihr Partner. Sie bekommen dann umgehend die Empfängnisentsperrungskarte mit den Richtlinien zur Wiederholungsprüfungsordnung.

Das klingt lächerlich. Aber wenn jemals alle Kinder unter glücklichen Wachstumsbedingungen heranwachsen sollten, dann nur so. Die durch bürokratische Blähsucht verursachten Hirnwinde muss man hinnehmen.

Ich fürchte, Carmen-Roberta wird an *ihrem* Kind vorbeiantworten, das an seinem, das an seinem und immer so weiter.

2008

Besseres Einvernehmen

– Mutti, kuck mal, lauter Bücher!
– Und so viele, Eleonore, guck dir das mal an!
– Bleib hier, Mutti, ich hab Angst.
– Ja – mir wird auch übel. Aber wir habens versprochen. – Tante Elsbet wäre sehr traurig.
– Na dann los, Mutti.
– Wir müssen da hin, wo Kochbücher stehen.
– Kochbücher – hab ich nicht gesehen. Hier! Tante Elsbet hats doch am Knie. Das hier! „Freude am Leben, die richtige Pflege der Knie", von nem – kann ich nicht aussprechen. Das? Oder das hier: „1 × 1 des Humors, eine kurzgefasste Anleitung". Das?
– Nee, so was nicht. – Aah, hier sind Romane.
– Roman heißt auch Roman.
– Ja, Roman heißt Roman und die Romane hier heißen jeder anders.
– Wer liest die denn alle? *Muss* man die lesen?
– Manche, Eleonore, müssen immer lesen.
– Egal was?
– Nnnein. Die einen lesen Romane, die anderen Reisebücher, wieder andere lesen Historisches, „Das Leben der Hormone" und sowas ist auch sehr gefragt – wo sind denn nur die Kochbücher!
– Also Mutti, Sibille Concordia hat mir gesagt, sie liest nur Sachen, die ihr beim Wachsen helfen, beim Reifen – gibts so was hier auch?
– Ja, sicher. Lehrbücher … Fachbücher … da erlernt man das ABC eines Fachgebiets, eines Berufs … sie meint so was, oder?
– Hat sie nicht gesagt. Aufbauendes, sagt sie. Sie sagt, ihr Vater liest aus Langerweile. Er sagt, die Uhr tickt, und das hört er dann nicht mehr. Und sie sagt, am liebsten kuckt er sich Zeitschriften an, die müssen ja auch leben, sagt er, sagt sie. Dann isser ne Maschine, richtig ne Le-

semaschine und sie ist gar nicht mehr da – Lesen bildet, ist das wahr, Mutti?

– Das muss mal wahr gewesen sein, früher, viel früher, als Bücher noch Literatur waren. – Das eine oder andere Buch wird vielleicht noch Literatur sein, aber Millionen Bücher sind wie Sand. Er scheuert in den Schuhen, und manche Sande sind geeigneter Zuschlag im Beton. Wenn Lesen Studieren ist, dann bildet Lesen. Wenn Lesen Zeitverbringen ist, Scannen ohne kritische Reflexion, dann ist Lesezeit vertane Lebenszeit. Komm, Eleonore, hauen wir ab. Ich koch Tante Elsbet eine Linsensuppe, da wird sie Augen machen und mit ihrem Rollator bis Bingen fahren. Im Nachlass der Hildegard findet sie vielleicht was zu Linsengerichten. Komm, Eleonore!

2017

Ein Abend in der Ausstellung

Nach dem Zusammenzählen stellt Delbrüg fest: Eine Hand fehlt. Lars feixt zu Jens Uwe. Simona Rundform geht von der Fensterbank um den großen Tisch, auf dem alle Hände nach der Größe in einer Reihe liegen, um neben Delbrüg, nachdem sie im Bruchteil einer viel zu langen Pause die Unpaarigkeit der aufgereihten Ausstellungsstücke überblickt hat, zu Lars und Jens Uwe gewandt die beiden unmissverständlich aufzufordern, zuzustimmen oder selbst zu zählen. Lars' Feixen wird zu blöder Betroffenheit, während Jens Uwe blitzschnell die Seiten wechselt und, ohne zu zählen, die letzte Eintragung im Inventar durchstreicht und die Zahl Dreizehn hinschreibt. Einige vordere Besucher drängen die nachrückenden gegen den Zerleger, der mit kurzem Aufpfeifen anläuft und einen von ihnen, diesmal ist es Foster der Drücker, in die Vorwaschanlage zieht. Lars springt herzu und reißt im Springen den Stecker aus der Dose, der Zerleger läuft unter einem letzten Verstöhnen wieder aus und es gelingt Simona Rundform, deren Brüste sich deutlich gegen das erlöschende Licht der Tastatur abheben, zusammen mit Lars, dem Zusichgekommenen, Foster den Drücker aus den Waschbürsten zu befreien. Foster der Drücker ist unversehrt, eine Hand ist schon gewaschen. Das ist – vier Blicke in Übereinkunft treffen sich über der akribisch sauber gehaltenen Platte 2, Foster der Drücker signalisiert sein Einverständnis, in buchstäblich letzter Sekunde ist der Händesatz, Delbrügs Präsentation in der mittleren der blassblau eloxierten Prachtvitrinen, gleich neben dem Ätzer, vollzählig und wird bewundert. Jens Uwe oder Lars, bei einem der beiden wird Delbrüg sich bedanken müssen, warum nicht bei beiden? Kein Werkzeug ist liegen geblieben, Foster der Drücker, einhändig jetzt, überbrückt die Zeit bis zum Schließen mit der Reinigung seiner verbliebenen Hand, Simona will versuchen die Brüste zu richten, deren eine, durch asymmetrische Wirkung des noch in der Versuchsphase befindlichen Duoballonin, wie durch leichtes Welken in die Phase W1/1 überzugehen droht, was ihr nicht und niemandem sonst aufgefallen wäre, wenn nicht die Neotestosteron-Indikatoren in Lars' Augen, die nur in dieser, ihrer, Arbeitsgruppe verwendet werden, eine leichte Links-Rechts-Asymmetrie angezeigt hätten. Neotestosteron ist ein Erfolg, jetzt schon. An Duoballonin muss noch gearbeitet werden. Simona geht. Delbrüg setzt sich später zu Foster dem Drücker und bewundert (und spricht auch darüber) die Präzision, mit der dieser mit einer für alle Fälle bereitgehaltenen Nothand ohne lange Eingewöhnung umzugehen weiß. Für die Reinigung zur Nacht wird Foster der Drücker heute weniger Zeit aufwenden müssen. Eine gewaschene Ersatzhand hat er noch nie getragen. Das Ansetzen war reine Routine. Die ersten Lichter – er wird sich zurückziehen und zur Nacht abschalten. Jens Uwe, der von Simona nicht mehr als Kollegialität erwarten kann, ist zu einem Spaziergang in die Neo-Neopren-Etage gestiegen. Hier wird einer seiner Entwürfe bezogen: Typ 1, Rundform, aber mehr träumerisch. Lars droht ein Neotestosteron-Kollaps. Simona sieht das mit den Augen der Wissenschaftlerin und kann kühl bleiben, aber er? Delbrüg zählt und ist zufrieden. Simona himmelt vor einem Spiegel im Besuchertrakt ihre wiederhergerichteten Brüste an und weiß nicht, was sie damit anrichtet.

2008

Fugale Egophobie***

Zum Ausbruch kommt sie durch überdosierte Stille. Angst vor Stille ist also durchaus begründet. In meiner lärmgesättigten Welt, meint der verbreitete Nichtwisser, kann sie gar nicht ausbrechen.

Fugale Egophobie ist der Extremfall. Die Vorstufe ist der vielleicht ebenso gefährliche Selbsthader, ein ungern erfahrener Bewusstseinszustand mit üblem Ausgang. Kann sich zu Selbsthass entwickeln und zum Hass auf alle, die mit dem Befallenen falsch umgehen.

Medienwirte (jetzt endlich anerkannter Beruf) haben doch, sagt der verbreitete Nichtwisser von oben, schon immer, na ja, nicht als solche, und mehr im Verborgenen – mit einem Wort: Ich habe doch recht. Was läuft da schief?

Der Nichtwisser weiß gar nichts. Aber der Fachmann.

Der spricht schon, ungefragt: Da läuft gerade *nichts* schief. Wir sind auf dem besten Weg. Die Welt ist eben *nicht* lärmgesättigt, das ist eine große Herausforderung, sage ich ganz offen. Das endlich anerkannte Berufsbild ist nur der Fuß in der Tür, mehr nicht. Ein Zweig der Medienwirtschaft ist die Lärmwirtschaft, ein Schwerpunkt unserer Bemühungen. Richtig bewirtschaftet, ist Lärm eine wahre – nun ja – Goldgrube, kann man so sagen. Ich denke da, zum Beispiel, an die öffentlichen Toiletten, die belärmen wir wirtschaftlich mit günstigen Auswirkungen auf – ähmm – ja – sanitäre Behaglichkeit und unseren Haushalt. Es ist eine alte Erfahrung, dass Händel Lärm sein kann, Mahler oder das beschauliche Flappen herbstlichen Fallobstes ebenso. Das ist unsere Aufgabe. Wir machen, und das mit allem Ehrgeiz, *alles* zu Lärm. Und darüber hinaus regen wir, das erreichen wir durch Vorträge, Lesungen, regen wir den einfachen Mann von der Straße, ein Faktor hoher volkswirtschaftlicher, ja lärmwirtschaftlicher Bedeutung, zum unentwegten – ich meine damit: Wir verwalten den Lärm, wir bewirtschaften den Lärm, erzeugen aber müssen ihn andere. Das alles steckt noch in den Anfängen.

Eine Statistik, von der ich nichts anderes sagen kann, deutet darauf hin, dass Fälle von Fugaler Egophobie, das ist ja Ihre Überschrift, nun, der alte Glaube, Stille sei wünschenswert, geht ja immer noch um, richtig hingegen ist: Stille ist schädlich. Das setzt sich durch. Stille ist gefährlich. Angst

*** Ichflucht, schwere Krankheit, schlechte Prognose

vor Stille ebenso. Sie lassen sich vermeiden. Jeder von uns ist ja stets von geeigneten Lärmerzeugungseinrichtungen umgeben, die bei Anzeichen einsetzender Angst einfach – benutzt werden müssen. Da sind wir auf dem richtigen Weg, sagte ich ja schon. Aber gehen, gehen müssen ihn andere. Was ist denn das! Muss der mich jetzt volldudeln, der Schweinehund?
He!! Mittagsruhe, du Sau!!
Und Sie, gehen Sie jetzt. Und hauen Sie dem Arschloch da aufs Maul.

2007

Fortsetzung zu S. 100

- Doktor Wisser, wie wir da auf Seite 100 auseinandergegangen sind, also, da war ich zum Schluss, ja also –
- Sie sprechen meinen Namen falsch aus. Neulich schon. Ich schreibe mich mit ck. Dencker! Dencker ist mein Name und ich habe auch diesen Titel nicht.
- Ja also – Herr – Dencker – da bin ich – also unsere Leser, ja? Unsere Leser
- Kommen Sie zur Sache!
- Herr Dencker, könnten wir einfach – plaudern?
- Plaudern. Schon wieder über Gott und die Welt?
- Wie denken Sie über die Natur?
- Nur positiv.
- Herr Dencker: Was ist Natur? Ist eine Ameise Natur?
- Das möchte man meinen.
- Ist mein Auto – Natur?
- Ihr Auto? Aber nein! – Allerdings – ja, ich ahne, worauf Sie hinauswollen.
- Ich bin so gespannt.
- Die Ameise ist ohne Zweifel Natur, wie Sie das ausdrücken. Der Mensch ist es auch. Leben und sein natürlich gezeugter Nachwuchs sind „Natur“. Ihre Hervorbringungen sind es allerdings nicht. Es sind Artefakte.
- Fäkalien sind aber

- Nun, sagen wir, ihre – Hilfseinrichtungen. Ameisenhaufen und Auto gelten dann gleich. Ich würde gern näher darauf eingehen, aber Kowalskyi – kennen Sie Kowalskyi?
- Nie gehört.
- Ist meine – hm – meine Behörde.
- Und?
- Der mag keine ausführlichen Texte.
- Aber Sie, Sie könnten doch
- Ja schon. Aber – eben.
- Unsere Leser, ja? – Also – dann geh ich jetzt. Tut mir leid.
- Das ist das Beste.

2011

Herz mein Stein

K. hält nichts von Gedichten, die geschrieben werden, damit Gedichte geschrieben werden, schreibt aber selbst welche.
Zum Beispiel Herz mein Stein:

Herz mein Stein

Wieviel Sorgfalt! Welche Kenntnis!
Wenn ich so schreiben könnte.

2011

Mängelexemplar

Ich soll ein Blatt Papier fünfzigmal zusammenfalten? Nein! Das mach ich nicht. So Bücher mit sowas – – – Mängelexemplar, ach so.

2011

Ich weiß ja nicht

Ich weiß ja nicht, was Sie den ganzen Tag so machen, also ich kann mir das nicht leisten.

2011

Tod durch Lärm

- Die Todesursache, haben Sie die?
- Tod durch Lärm.
- Das erscheint mir – aber Sie sind der Fachmann. Wie sind Sie zu der Diagnose gekommen?
- Sehen Sie – er wurde in einem öffentlichen WC gefunden. Vor dem Klosettbecken mit herabgestreiften Hosen. Er litt an schwerer Verstopfung. Steindarm. Und muss Stunden da gesessen haben, das sagen uns die Druckstellen an den Schenkeln. Nun – nach einigen Stunden war die Lärmlast unerträglich. In klaustrophobischer Panik ist er aufgesprungen – Flucht vor dem Entsetzlichen, Sie verstehen – sprang auf und mit dem Schädel und der nachdrängenden Körpermasse von unten gegen die harte Ecke der Türautomatik. Der Schreck, vor allem die dem Schmerz folgende Krümmung des Körpers, krampfähnlich, nicht zu kontrollieren – der harte Kot führte zu inneren Verletzungen, an denen ist er verblutet.
- Also Tod durch innere Verletzungen.
- Nein! Durch Lärm!
- Das kann ich dem Staatsanwalt so nicht schreiben. Es war ein öffentliches WC.
- Eben! Was sich da abspielt, oder vielmehr, was da abgespielt wird – gewöhnlich nennen wir es Musik. Sie stört zuerst, dann fühlt man sich belästigt, dazu die Ausweglosigkeit, bald folgen ohnmächtige Wut, Panik, Entsetzen – schrecklich. Wer das erlebt hat, meidet solche Orte. Dieser Tote hatte keine Wahl. Ich *habe* die Wahl und hocke mich im Notfall in den Park.
- Das schreib ich dem Staatsanwalt aber nicht.

- Der machts genauso. Er wird sowieso nicht Anklage erheben.
- Meinen Sie? Warum?
- Weil der Vorsitzende Richter vorbeugt und Nichtvorbeugung leichtfertig findet und Leichtfertige sind selber schuld.
- Er beugt vor?
- Nun – er unterstützt den Gedanken öffentlicher Verlärmung ganz entschieden in seinen Veröffentlichungen zum kommunalen Kulturbudget. Ist ja auch Aktionär bei Sony.
- Widerlich!
- Um Gottes willen! Sie stellen eine kulturelle Errungenschaft in Frage.
  Es ist Musik. Die gewöhnliche Bezeichnung ist „Musik".
  Eine scharfe Waffe gegen Schwächlinge.
- Gegen alle, Kommissar, gegen alle.
  Seh ich jetzt fast genauso – na, ich bin dann weg.
- Ja, tun Sie das.

2011

UPS

- Is was?
- Ach wo. Nein. Sie haben ups gesagt, eben, zu Ihrer Tochter.
- Das ist nicht meine Tochter. Was geht Sie überhaupt meine Tochter an?
- Was bedeutet ups?
- Na Sie sind einer. Sie sehen doch. Die Stufen – und der Kinderwagen – sie will alles allein machen, aber die Stufen – ich habe ein bisschen geholfen, sehen Sie, so (hebt den Wagen auf eine weitere Stufe und sagt) ups, wieder ein Stück.
- Verstehe.
- Und jetzt die letzte, Silva-Manon, ups, siehst du, geschafft.

2011

Zu viele Warums

– Warum lesen wir überhaupt? Gute Frage, Herr Espenreuter, was?
– Ah – gut, dass Sie mich erkennen. Ich dachte, Sie dächten, ich sei der – na, wie heißt der noch – der –
– Bringer?
– Nein, nicht der! Der –
– Weiß schon! Der mit der
– Ja, der!
– Sind Sie nicht. Wusstich gleich.
– Wie war Ihre Frage?
– Warum
– Ah ja! Warum – warum, warum … zu viele Warums!
– Rumms, da ging die Pfeife los.
– Ha! Sind Sie immer noch Autist?
– Ich bin jetzt Zusteller.
– Hab ichs doch geahnt! Zusteller. Alle werden jetzt Zusteller oder Ansetzer.
– Oder Bestseller.
– Aber Sie nicht.
– Nein. Schreibe nicht mehr.
– Ihre Frage, ja?
– Ja.
– Also – gute Frage. Wirklich.
– Freut mich. Und?
– Was und! Sie ist gut.
– Ich meine –
– Wirklich gut. Ja!

2011

Das ist es ja

- Das ist aber schön.
- Was spricht zu meinen Gunsten?
- Sowas auch! Immer nur du.
- Du meinst nicht mich?
- Nicht immer! Wirklich nicht immer!
- Ich habe – nein, das wäre was über mich.
- Was hast du?
- Was ich habe? Nichts. Warum?
- Na, weil du gesagt hast: Ich habe …
- Ah! Da hatte ich gerade was verbogen.
- Was denn?
- Den – soll ichs sagen?
- Sag schon.
- Den – nein, nicht verbogen: verloren!
- Was denn!
- Also – das hat sich eigentlich schon erledigt.
- Wieso aber war es eben noch erwähnenswert und jetzt nicht mehr?
- Da weiß ich keine Antwort.
- Aber irgendwas war es doch.
- Schon, ja.
- Und was?
- Den Zettel.
- Den mit dem
- Ja, den.
- Ist doch nicht schlimm.
- Hab ich das gesagt?
- Wir schreiben einen neuen.
- Hab ich schon gemacht.
- Und? Genauso?
- Ja. Zuschnitt verboten.
- Was fürn Quatsch!
- Nein, Zugriff verloren.
- Wirklich sowas?
- Jetzt steht aber drauf: Zutritt verboten.

– Und was soll das?
– War nur n Gedanke. Kann man immer gebrauchen.
– Was du dir so ausdenkst.
– Kann doch aber nicht schaden.
– Also, es gibt wohl Wichtigeres.
– Was? Sag mir ein Beispiel!
– Du nun wieder.
– Bitte!
– Da ist so vieles.
– Vielleicht alles?
– Ja, alles.
– Das mag sein. Alles ist wichtiger. Alles ist aber nicht wichtig.
– Immer deine Haarspalterei.
– Sie sagt Haarspalterei.
– Na ist doch wahr.
– –
– –
– Wie komm ich da raus?
– So bist du eben.
– –
– Liegst du gut?
– Ich liege richtig.
– Ich meine, tut dir was weh?
– Wenn ich *das* nur wüsste. Das ist es ja.

2011

Dysfunktionen

Ich bin ein armes Schwein und Kassenpatient.
Der Urologe, vor dem ich gerade sitze, ist kein armes Schwein und Herr über mein urogenitales Befinden, zum Beispiel die erektile Dysfunktion, über die ich mit ihm sprechen musste.
Er ist nicht bei der Sache. Guckt auf seinen Bildschirm, tippt, zieht aus dem Drucker die Rechnung und legt sie mir hin. 97,86 Euro für eine Konsultation.

Zahlen Sie in bar oder mit Überweisung?
Ich habe keine Wahl. Ich brauchte einen Arzt, nun rette ich ein Unternehmen. Ich rette gern. Ob ihm allerdings die 97,86 Euro helfen können, ist offen.
Irgendwie ist das ein solider Handel: Ich kaufe Wartungsarbeiten an meinem urogenitalen Apparat (ein Luxusgegenstand, das sagt mir der Preis), sorge aber andererseits dafür, dass noch viele weitere solcher Apparate gewartet werden können, und werde außerdem ein weiteres Mal dafür geliebt, dass ich Zahlemann bin.
So auch in der Augenklinik, einem vergleichsweise sehr hochgerüsteten Unternehmen. „Die Netzhaut ist gefährdet. Da müssten wir ein GDx machen. Das tragen die Kassen nicht. Sind Sie einverstanden?"
Soll ich? Den Luxus gesunder Augen will ich mir leisten. Ich bin einverstanden. Solche Geräte sind teuer und können nur durch Patienten bezahlt werden, spricht die Ärztin (fest angestellt) und bittet um Verständnis. Verständnisvoll bitte ich um die Rechnung.
Zu viel Verständnis schwächt allerdings das seelische Immunsystem. Die schwere Verständnisbürde kollabiert überraschend zur unerträglichen Last manischen Mitleids, und unter unentwegtem Weinen wählt man den perfidesten Betrüger immer wieder aufs Neue.
Ich war am Ende, als ich hören musste, dass die altruistischste Branche, die man sich denken kann, großartiger und nächstenlieber, als es ein einzelnes Unternehmen mit medizinischem Personal auch nur annähernd sein kann, die deutsche Rüstungsindustrie, immer noch nicht über den undankbaren dritten Platz in der Welt hinausgekommen ist. Ich befürchte das Schlimmste. Hier wird hart am Hungertuch genagt. Wie soll das weitergehen? Wie kann so viel Opfermut jemals belohnt werden? Es gibt einfach nicht genügend Patienten (um im Bild zu bleiben), um eine so große gesundheitsfördernde Einrichtung auf Dauer zu sanieren. Die Rüstungsindustrie unterstützt die Herstellung von Patienten, das liegt in ihrer Natur, aber es gibt da diesen bedauerlichen Widerspruch zwischen nationalem Bemühen mit nationalen Kosten und internationalem Ergebnis, von dem auch Fremde profitieren.
Ich ahne, dass ich dem Phantom Globalisierung, langsam zwar, aber überraschend, auf die Spur komme. Wenigstens ahne ich, woraus sie besteht: aus völkerverbindendem Streben nach immer neuen Kriegen und immer neuem Profit aus ihnen. Wir potentiellen oder wirklichen Patienten sind das

Fundament, das sollte uns stolz machen. Wir sind noch unter den Schaben. Das ist doch was.
Ich lebe in der schönsten aller bisherigen deutschen Welten. Alle lieben mich und wollen das Beste. Zum Weinen.
Ein Mann muss auch weinen können. Gründe gibt es viele: erektile und andere Dysfunktionen.

2011

Weltbild

Der Mensch strebt nach Erkenntnis. Das ist ein schöner Satz und hebt den Menschen an.
„Jedes Lebewesen strebt nach Erkenntnis" hebt den Menschen nicht an, weil Plattwürmer auch Lebewesen sind. Ist der Satz wahr, oder nur Ekstase?

Welt – Weltbild

Ein Teil der Welt ist die Dame mit dem Hündchen, die eben aus der Apotheke tritt. Ein plausibler Vorgang. Hier sind Damen keine Seltenheit. Sie sieht sehr gut aus (das ist erfreulich, auch für sie), und ich bin nicht veranlasst, andere als angenehme Gedanken zu haben.
Sofern die Dame einen Rüssel hätte, wäre mein Weltbild gestört. „Gestörtes Weltbild" ist ein unbehaglicher Zustand und löst intellektuelle, psychische oder physische Such- oder Fluchtbewegungen aus, die so lange andauern, bis eine Deutung plausibel erscheint und wieder innere Ruhe und Ordnung herrschen. Oder (häufiger Fall) ich nehme den kürzeren Weg, notiere inwendig die Unlösbarkeit eines Problems und habe mein Weltbild, sagen wir, erweitert. Ohne Leiden. Unlösbare Rätsel gehören ja dazu. Siehe weiter unten: verstandenes Nichtwissen.
Die Plausibilität meines Weltbildes oder die Suche danach sind die Gewähr für die Intaktheit meiner Identität. Geht die verloren oder wird sie erheblich gestört, gehe ich mir selbst verloren. Ich gerate wenigstens in eine bedrohliche Lage durch Desorientierung, Verirrung, Verhaltensfehler, in schlimmeren Fällen Entgesellschaftung.

So gesehen, sind innere „Ruhe und Ordnung", im obigen Sinne, und intakte Identität oder „plausibles Weltbild" aufs Engste verwandt.
In diesem Sinne hat das Pferd ein Weltbild, die Meise hat eins, die Kröte, der Plattwurm, die Amöbe und das Bakterium. (Ich übersehe nicht, dass die Bezeichnung „Weltbild" von Stufe zu Stufe nach unten fraglicher wird. Ich will aber nicht auf der Suche nach einem geeigneteren Wort die Entwicklung meiner Überlegungen abbrechen. Der Inhalt der Bezeichnung ist wesentlich, nicht das Wort. Das gilt sinngemäß auch für „Flucht", überhaupt für jede Bewegung der Suche nach „besseren" Bedingungen, schließlich auch das Sichtotstellen, die Flucht ins Unauffällige.)
Bei Lebewesen mit entwickeltem Zentralnervensystem wird intellektuelle Suche vorherrschen. Mit abnehmender Komplexität werden chemisch-physikalische Such- und Fluchtreize dominieren.
Ich halte dieses Such- und Fluchtverhalten für ein objektives Verhaltensgesetz, das für jedes Lebewesen gilt.
Was ich hier schreibe, ist ein Teil meines Weltbildes.
Zu meinem Weltbild gehören weiter meine Überzeugungen, Kenntnisse und Erfahrungen, das Wissen und das gewusste Nichtwissen, beide verstanden oder nicht verstanden, ihre Reichweite und das Wissen und gewusste Nichtwissen davon, was ich mit ihnen anfangen könnte oder sollte oder nicht kann. Zu meinem Weltbild gehört ferner die physische Welt um mich herum (sofern ich sie wahrnehme) und alles von der Welt, was ich vom Hörensagen kenne oder aus Büchern, Bildern … die Menschen, sofern es direkte oder indirekte Begegnungen zwischen ihnen und mir gibt und das Wissen um das Wissen und Nichtwissen, das andere haben und von dem ich weiß, dass sie es haben.
Die Welt ist in meinem Hirn, und so nur in *meinem* Hirn. Sie ist eine von mir *erfundene* und unentwegt sich ändernde „große Hypothese" von der Welt, *mein* Bild von ihr, mein *Weltbild.*
Aus allem schließe ich, dass Suche und Herstellung eines „Weltbildes" der stärkste (möglicherweise der einzige) Antrieb zu intellektueller Tätigkeit, oder genauer: zum Streben nach Wissen und nach innerer Ruhe und Ordnung sind. Plausibilität ist nichts anderes als subjektive Glaubhaftigkeit, Verstehbarkeit, Benutzbarkeit.
Komprimiert:
Ich lebe in einer objektiv existierenden Welt. Von dieser sind mir kleine

Ausschnitte zugänglich. Manches in ihnen verstehe ich, das meiste verstehe ich nicht. Wenn es plausible Gründe fürs Nichtverstehen gibt, ist mein Weltbild intakt. Wenn ich das Nichtverstehen nicht verstehen kann, dann bastle ich mir Hypothesen, und die Welt ist wieder in Ordnung. Oder, wenn ich immer noch unruhig bin: Ich fliehe in Desinteresse.

2012

In Ewigkeit Amen

Es ist nicht weit zur Straße. Herbstlich warm weht letzter Wind über Gräser und Kräuter, ein Auto hält an.

- … schon mal jesacht, das geht dich nichts an, treibs nich zu
- Du hast mir gar nichts zu sagen, grade du nich!
- Ich hab dir nichts zu sagen? Ich wisch dir eine, wie mich das ankotzt.
- Du kotzt mich am meisten an, in deiner brutalen Hilflosigkeit kotzt du mich so an, du –
- Ich bin hilflos, sag das nochmal, du Ekel, ich bin hilflos?
- Ich sags immer wieder, bis ich dich nie mehr sehe, deine Fresse, dein Schreien, du bist mir soo … (ansteigend) hau ab! Hau endlich ab!

Sie sind weitergegangen, ich kann jetzt nichts mehr verstehen.
Es ist wieder still.
Wie es wispert, wie es zirpt und schabt – du bist mir so, du bist mir soo (ansteigend, schon besser), hau ab, hau ab, hau ab …

2012

Spielzeug

Sie muss eine Klippschule gewesen sein, da sie Leute wie mich geprägt hat. Heute ist es eine Hochschule. In jener Klippschulzeit waren Nützlichkeit und Notwendigkeit im gesellschaftlichen Leben eng miteinander verknüpft.

Das sage ich nicht ohne Grund. – Es war einmal.
Spielzeug wird seit Tausenden Jahren hergestellt, man möchte fast meinen, schon immer. Kleine Boote, Scheunen und Tiere, Puppen ... wir wissen schon. Gegenständliches Spielzeug hat keine Bedeutung mehr. Man spielt am Computer. Kind an seinem, Vater an seinem. Oder auf dem Tablet. Oder auf dem Smartphone. Kind auf seinem, Vater auf seinem. Sie spielen Spiele. Getrennt!
Für die Spiele wird natürlich nichts geschnitzt, bemalt oder genäht, da wird, na? Richtig! Disaint. Danach heißen sie Gäims. Spielen boomt.
Also die Hochschule. Da wird probiert, promotet und gemastert. Das macht Spaß. Wer mit Computerspielen groß geworden ist und den Spaß schon im Blut hat, kann ihn auf die Spitze treiben mit der Aussicht auf einen akademischen Titel: Er studiert Game Design. Die HTW, deren Kinderschuhe für mich mal die Welt waren, bietets an: Game Design. Wirklich! Game Design. Hier breche ich wegen Hoffnungslosigkeit ab.

2013

Unken

– Wie macht eine Unke?
– (Imitiert eine Unke, dann:) So!
– Das war – hier sind Unken.
– Das war ich.
– Quatsch! Also dass hier Unken sind!
– Das war ich!
– Unken! Denk doch mal! Im November! Vielleicht warme Quellen?
– Also –
– Komm, wir suchen. Du da lang, ich da drüben.
– Das ist doch – na schön, suchen wir Unken.

Sie trennen sich, streben auseinander.

– He! He, wo bist du!
– (Dumpf, wie aus einem tiefen Loch:) Hol mich hier raus!

– Wo denn! Rufe immer, ich finde dich dann: Still! Jetzt nicht! Eine Unke.
– (Schwächer:) Das war ich.
– Quatsch!
– (Mit letzter Mühe:) Ich kann nicht mehr. Ich
– Warte, gleich seh ich sie.
– (Kaum noch hörbar:) Mmmpffff.
– Die *sind* aber auch scheu.

2013

Oder Frösche

Wie sehen Frösche, die doch immerhin Augen haben, die Welt, wenn sie nur Bewegtes sehen können? Keine Ahnung. Oder – Ahnung vielleicht schon, genaue Kenntnis natürlich nicht. Wie denn auch! Es sind Frösche!
Sie finden ihren Weg, solange sie sich bewegen (dabei bewegt sich ja die Welt relativ zu ihnen). In Bewegungsverharrung, sollte man meinen, sind sie blind. Sollte man meinen.
Frösche mögen das anders sehen. Die Welt ist ja nicht nur Sicht. Ich jedenfalls möchte mich nicht nach jeder Bewegungspause von neuem verorten müssen. Genügt ein Kopfschütteln? Gut, das sind Lurche. Wir anderen, wir Nichtlurche, haben den Durchblick. So? Haben wir den? Wer nichts gelernt hat, hat ihn immer. Durch Lernen geht er verloren. Wer jetzt rast vor Missbilligung, soll bedenken, dass ich recht habe.
Dein erstes bewusstes Wissen ist ein isoliertes Körnchen Kenntnis, aber Weltkenntnis. Durch Lernen eignest du dir weitere, schon nicht mehr isolierte Körnchen an, größere, kleinere … Granulat, Mischgranulat. Mit jedem neuen Korn eröffnen sich Entisolationen und neue Beziehungen zwischen Körnern, über die du früher oder später die Übersicht verlierst, den Durchblick der ersten Stunde des ersten Wissens wirst du nie mehr haben. Dein Nichtwissen wächst schneller als dein Wissen. Darum ist das oben Gesagte richtig, und den Vielwisser kann ich verstehen, der in einem lichten Augenblick erkennt: Jetzt weiß ich gar nichts mehr.

2014

GU

Die Urknall-Hypothese – bestechend, plausibel und unreligiös. In Millionen Jahren wird dieser Glaube Wissen sein oder asymptotisch nie oder Schrott zugunsten einer anderen Vermutung. Sicherlich, der Mensch *ist* befähigt, der Natur so lange über die Schulter zu schauen, bis er sie in Experimenten nachahmen kann. Die Natur *ist* erfahrbar, liegt ja vor der Haustür und ist kein Feind. Erfahrbar – im Sinn von „benutzbar" ist sie sogar „verstehbar", nicht erfahrbar sind ihr Charakter, ihr Anfang und ihr Ende. Als der Mensch noch Bescheid wusste, waren Mensch und Natur eins. Die heutigen sieben Milliarden Menschen und die Natur sind es nicht mehr. Hätte im 19. Jahrhundert auch nur einer gedacht, dass Meere mit Füßen getreten werden können?

Der noch tierhafte, vormenschliche Mensch der Frühzeit erlernte in Tausenden Jahren, in denen er menschlicher Mensch wurde, sein Leben zu erleichtern, zu sichern oder zu verschönern. Hand in Hand mit der Natur, sozusagen. Dann lernte er, Natur zu manipulieren. Unvermeidlich ging der Blick auf das Gesamte verloren, für immer. Seine Bibliotheken, Archive und künstlichen Gedächtnisse sind nun vollgestopft mit Formeln, Symbolen, Anleitungen, Vorschriften … wenn doch diese gewaltige Menge seines Wissens über die Natur und den Umgang mit ihr, über Nassauern von ihr und darüber, was man ihr am besten nicht antun sollte, aber vielleicht doch darf, endlich geordnet und übersichtlich vorläge. Zwei Bücher würden genügen. Das eine wäre ein mehreremilliardenseitiges Kochbuch, das andere ein ebenso umfangreiches Werk von Bedienungs-, Gebrauchs- und Wartungsanweisungen, Berechnungshilfen für Dosierungsempfehlungen und, allem voran, ein erschließendes Vorwort.

„Natur" bliebe allerdings unscharf und unbestimmt.

Jeder kann über „Natur" was sagen. „Objektiv" wird vorkommen, „nicht vom Menschen manipuliert" wird gesagt werden, „physikalische, chemische und biologische Gesetze und Vorhandenheiten" … Aber das Aufzählen ersetzt nicht das Ganze. Das *Ganze* ist mehr. Ist es vielleicht einfach – alles? Dann wäre der Mensch und alles, was er treibt – Natur? Sein Plastikmüll in den Ozeanen Natur?

Mit einem Wort: *Was* ist Natur? Wir gehen *in* ihr mit ihr um, wir benutzen sie und berechnen an ihr, was wir berechnen können, und das machen wir ganz gut, aber wir wissen nicht, was sie ist. Viele Antworten auf die an die Natur gerichteten Fragen verstehen wir nicht. Wir ersetzen sie durch Vermutungen und Versuche. Ich denke mir, wir stellen gar nicht die richtigen Fragen. Wir können nicht über unseren erdverbunden, begrenzten Horizont hinaus; für die „richtigen" Fragen haben wir ungenügende Denkzeuge. Wir geben aber nicht auf. Ein schöner Zug.

Und stellen die Frage der Fragen: Woher, wohin, seit wann und wie lange noch? *Eine* Antwort, die uns plausibel erscheint, ist das „Standardmodell", der Urknall. Wir sind mit unserem Denken und Berechnen schon seit einigen Hundert Jahren im Kosmos, fühlen uns da draußen schon nicht mehr fremd, jetzt also bekenne, Großes Universum: Was bist Du!

Wir werden uns am Urknall kaputtrechnen, das seh ich voraus. Weil wir nicht aufgeben können. Wir werden aber nicht erfahren, dass wir kaputt sind, wenn wir kaputt sind. Wir sind dann längst zu Rechengeräten mutiert, werden wissen, das schon, werden aber nicht wissen, dass wir wissen. Ich denke so: in der Natur ist *nichts* kompliziert. Die Natur berechnet nicht. Sie funktioniert. Indem wir versuchen, uns in *unserer* Sprache ihr zu nähern, entfernen wir uns von ihr. Natur als Natur bedeutet uns ja nicht viel. Hingegen bedeutet uns unsere Neugier alles. Und Gott? Wir glauben an IHN schon nicht mehr, wir suchen ihn nicht. Aber (Gewohnheit) das *Wort* GOTT geistert in uns herum. Wir meinen natürlich nicht den missbrauchten Gott der Religionen, nein, nein, etwas Größeres, Allesbestimmendes … (vor allem: keine Person) – die *Seele, die – Allseele?* Das Wort („Im Anfang war das WORT") zündet den Urknall? Wort ohne SUBSTANZ? Nichts? NICHTS, das ein Universum wurde? – Dann ist Gott NICHTS. Das offene, gesetzlose, allvermögende NICHTS, aus dem Universen geboren werden.

Dann könnte sich jedem entstehenden Teilchen beim Werden des Universums ein Anteil dieses Nichts so mitgeteilt haben, dass in jedem, stark verdünnt, auch Gott war. Jedes Teilchen in mir ist dann auch *Gott.* In mir, in der Geranie auf meinem Balkon ist Gott, in dir, im Straßenbelag, im verspäteten Bus, in der Linken, in dem mit dem Sprenggürtel ist Gott, im Saturn, in unserer Galaxis und allen anderen Milliarden Galaxien, in der Asche deiner Zigarette, die du schnell abstreifen müsstest, damit sie nicht den frisch gewischten Fußboden beschmutze, ist Gott. ALLES ist Gott. Nichts ist böse, nichts gut – .

Ob dieser Text durchgeht?

2014

Deutsche Praxis

– Hier ist die Praxis von Doktor Klemmer, Sie sprechen mit Schwester Aurelie, was kann ich für Sie tun?
– (Murmeln.)
– Aha!
– (Murmeln.)
– Sekunde! (Tastatur.) Genau!
– (Murmeln mit Anhebungen.)
– Das –
– (Murmeln.)
– Okey!
– (Murmeln.)
– Genau! Der –
– (Murmeln.)
– Genau!
– (Murmeln.)
– Genau!
– (Murmeln.)
– Genau! Wir könnten –
– (Murmeln.)
– Okey!
– (Murmeln.)
– Genau! Wir –
– (Murmeln.)
– Wir –
– (Murmeln.)
– Genau! Das wäre dann –
– (Murmeln.)
– Genau! Also –
– (Murmeln.)
– Okey!
– (Murmeln.)
– Danke, Ihnen auch! (Legt auf.)

2014

Nullpunkt

Liebe Marionettinnen, liebe Marionetten! Zum Jahrestag der Marionette, er lebe hoch, mit einem Wort, wir siegen, was wir drehen, mit Freude und Genugtuung erleben und begehen, das Rad der Geschichte und Freudentränen. In der Stunde null eines ewigen Nullpunkts eines – (zu Marion, die hinter ihm steht: Nee, Nullpunkt war jetzt falsch. Wer hat denn das geschrieben! Das muss – ah ja – so! Ja.) mit uns durch uns! Wir sind der Sieg der Demokratie. In unserer Hand sind Bildung, Verantwortung und Bekleidung, Finanzen, Verkehr und tägliche Versorgung mit Macht und verlässlicher Mehrheit in Parlamenten und Anstalten. Wir sind Schlüsselposition und Aufbruch in einem. Nie und nirgends und nie mehr werden Dämonen des Vergangenen – ich finde keine Worte, wir sind das Volk, meine sehr verehrten Marionettinnen und Marionetten, kein Ruf der Geschichte durchdringt mit mehr Nachhall diese – diese – (er hebt die Hände wie zum Gebet und sinkt leblos vor Marions Füße. Marion findet im Gewirr die richtigen Schnüre und erreicht durch geschicktes Ziehen das Öffnen seines Mundes und das Hervorbringen eines zufriedenen „Aaah", sie stellt ihn wieder hin). Ich will zum Ende kommen, das Ende, letzten Endes, wir sind das Volk, meine sehr verehrten Marionettinnen und Marionetten, ob mit uns weiterhin zu rechnen sein wird oder ohne, wir werden bestimmt, ähmm – nein! Wir werden belacht. Pioniere und Opfer, die wir waren, das Lachen wird ihnen vergehen. (Beifall, Rufe; zu Marion: was denn, das kann ich nicht lesen, irgendwo muss Gewaltige Demokratie stehen, steht irgendwo, oder Gewaltiges Netzwerk, das macht der Krach – ich muss was essen. Wie gehts jetzt weiter! Kuck mal nach.)
Die ersten mampfen schon am Buffet. Die Versammlung löst sich auf.

2015

Zum Beispiel Eintrittskarten

„Unsere Eintrittskarten sind an allen fünf Standorten gültig. Wenn Sie zum Beispiel eine Rundreise machen wollen, dann haben Sie den Vorteil, dass unsere Eintrittskarten an allen fünf Standorten gültig sind. Nehmen wir

Rathenow. Sie haben unsere Ausstellung in Rathenow besucht und wollen nun weiter nach Brandenburg, das ich Ihnen übrigens wärmstens empfehle, auch hier in Brandenburg gibt es ja eine sehenswerte Ausstellung. Die Eintrittskarte haben Sie schon, sie ist ja auch für die Ausstellung in Brandenburg gültig ...“

Und so geht es weiter, weiter, immer weiter; Pritzwalk wird zum Beispiel noch als Beispiel herangeholt, Pritzwalk, wo zum Beispiel auch eine sehenswerte Ausstellung zu sehen ist, und die Eintrittskarte ist immer noch gültig. Dann Genthin, zum Beispiel.

Nun ja, für die wortwörtliche Richtigkeit lege ich meine Hand nicht ins Feuer. Das Anhören solcher Absonderungen lähmt, ein paar Stichworte, auch noch abgekürzt, sind später nicht mehr zurückübersetzbar, und niemand soll sagen, er bleibe unberührt, wenn er für einen Idioten gehalten wird.

Ein Fußpfleger muss kein Denkmeister sein; jemand in öffentlicher Funktion schon. Oder sollte wenigstens überflüssig und notwendig unterscheiden können.

Sprachkompetenz – Denkkompetenz – vielleicht sitze ich auf zu hohem Ross. Und wenn! Ich halte leeres öffentliches Reden für Frechheit. Sprachliche Inkompetenz, nein denkerische Inkompetenz zieht in Politik und Verwaltung wie ein Strudel die peripheren Zonen ins Zentrum, ins Abfließen, in die beklagenswerte Ersterbung aller Vernunft. Bis die Wanne leer ist.

2015

Haben Krähen Würmer?

Außer Hunden, Katzen und Mücken halten die Tiere der Großstadt Distanz. Sie fliehen nicht, sie meiden uns. Tauben und Krähen weichen nur aus. Eine Taube kannst du rempeln, ehe sie Platz macht. Die Krähe fliegt einen Meter weiter, höchstens zwei, und guckt dir in die Augen. Im Gegensatz zur Taube, die mit leerem Blick beiseitegeht, ohne innere Beteiligung, verhält die Krähe sich wie unter ihresgleichen. Ihr Zurseitetreten hat was gutgelaunt Großzügiges.

Krähen, scheint mir, sind immer mit irgendwas beschäftigt. Mit Beobach-

ten, Nüsse knacken oder von Autos knacken lassen … im Winter balancieren einige auf Eisschollen, die nicht viel breiter und länger sind als sie. Ihre Grundhaltung ist: Das Leben ist mühsam, braucht aber auch Abwechselung. Auch mal Spaß?
Spaß ist das Unnötige, das Vergnügen bereitet.
Im Wahrig steht noch: Scherz, Witz; Vergnügen, Belustigung.
Meiner Kanzlerin macht das Regieren Spaß. So habe ich sie in einem Interview sagen gehört. Wenn das stimmt, dann stimmt was nicht mit ihr. Oder sie ist intakt und nur inkompetent, sprachlich. Spaß ist, unpassend benutzt, ein widerliches Modewort.
Ein Berliner Politiker, der eben eine Berliner Wahl gewonnen hat, wird gefragt, ob ihm das alles gar keinen Spaß mache, er habe doch immerhin einen politischen Gegner besiegt. Das ist seine freundlich entrüstete Antwort: Doch, ja, ich habe schon Spaß bei meiner politischen Arbeit. Natürlich habe ich Spaß dabei.
Ist *der* intakt?
Ist das öffentliche Leben noch intakt?
Herr Vorsitzender eines Jagdvereins, Sie erschießen Tiere? Ja, macht Spaß.
Herr Rüstungsbeauftragter, Sie kaufen Waffen oder veranlassen ihre Herstellung? Ja, macht doch Spaß.
Frau Merkel, Sie *regieren* auch nebenbei? Ja, macht mir Spaß.

Kowalskyi hat eine Krähe beobachtet, die war damit befasst, immer wieder auf die Spitze eines Haufens Bausand zu fliegen, um von da aus mit ausgebreiteten Flügeln auf dem Hintern nach unten zu rutschen. Spaß? Dann gleicht sie uns. Notwendigkeit? Dann hat sie Würmer.
Spaß? Oder Notwendigkeit?
Spaß? Oder Würmer? Antworten Sie, Frau Merkel!

2017

Känguruh

Kannitverstan kennt jeder. Er stirbt zum Schluss. Das Leben ist so kurz. Jeder kennt auch das Känguruh. Den Namen wenigstens, sonst hätte ich geschrieben „ein Känguruh". Und warum heißt es so, wie es heißt?
Wilhelm Schmidt, Deutsche Sprachkunde, Seite 157, setzt mich in Kenntnis. Er schreibt: Dieser Name des großen Beuteltiers beruht auf einem Missverständnis. Europäische Seefahrer, die nach dem Namen des Tieres fragten, erhielten „känguru" (ich verstehe nicht) zur Antwort. Als sich der Irrtum später aufklärte, blieb der inzwischen eingeführte Name erhalten.

2015

Gäste im Haus

Es war ein Hörspiel. In deutscher Sprache. Vielleicht übertragen aus dem Englischen? Gehört habe ich's noch vor der Wende in einem Westsender. Gäste im Haus war sein Titel und es ging so:
Eine alte Dame, alleinlebend, wird nachts aus dem Schlaf geklingelt. Sie öffnet nach vorsichtigem Fragen ihre Haustür. Eine Hochschwangere und ihr Begleiter bitten um schnellen Einlass, in jedem Augenblick ist die Niederkunft zu erwarten, bitte, bitte, bitte, es ist so kalt hier draußen, bitte, bitte, bitte, bitte!
Das Nötigste wird schnell hergerichtet. Zimmer, Bett, Wäsche … alles ist da. Die alte Dame hilft, wo Hilfe gebraucht wird, eine Hebamme wird gerufen, die bringt eine Helferin mit, die nach der Entbindung noch ein wenig bleiben soll. Und ihr Bruder, auf der Durchreise, könnte der hier vielleicht ein paar Tage unterkommen? Die Gebärende gebiert ohne Komplikationen, der Bruder erscheint, die paar Tage vergehen, der Bruder ist noch da, die Schwester der jungen Mutter reist an, um mal zu gucken, und hat einen Freund dabei und alle bleiben. Bleiben und richten sich ein, weitere kommen, die alte Dame wird auf ein im Weg stehendes Übel reduziert, in das letzte leere Zimmer gewiesen, verliert jede Fähigkeit zur Selbstkontrolle und wird schließlich in eine Einrichtung verbracht, in der sie nichts als berufliche Zuwendung beim Sterben erwarten darf.

Gäste im Haus.
Wen es jetzt nicht gruselt, der muss nicht ausziehen, um das Gruseln zu lernen. Zwei Schritte vor die Haustür genügen.
Gäste im Haus!

2015

Unaufgefordert

Er hätte auch ein Pergament an Bäume nageln können, so wie heute entlaufene Hunde gesucht werden (oder Wellensittiche oder Katzen, anschmiegsam, launisch, Rufname Kater, bitte die Nummer XXX anrufen, versprechen Belohnung).
Er hat den anderen Weg gewählt.
Er hätte warten können, bis erste Neugierige kommen: Ich habe Ihren Anschlag gesehen. Ich bin neugierig. Odysseus! Wer ist das? Was ist mit dem? Und er hätte geantwortet: Na, Odysseus! Der von Troja. Der die Idee mit dem Pferd hatte. Kennt den keiner, diesen dreimalschlauen Griechen? Nach dem Sieg fuhren sie nach Haus. *Er* brauchte dafür zwanzig Jahre. Und dann, zu Haus das Haus voller Freier, Fresser und Schlaucher, die geliebte Frau in höchster Bedrängnis – er erschlug sie alle. So einer war das.
Vielleicht wäre gefragt worden: Troja? Pferd? Und einer hätte vielleicht gesagt: Geliebt? Nach zwanzig Jahren?
Jetzt hätte er ausführlich erzählen können vom Schlachten, Schlitzen und Verstümmeln, dass sich die Haare sträuben. Hätte von Odysseus' Abenteuern erzählen können – es fragte aber keiner. Er hatte eben *kein* Pergament an die Bäume gepinnt.
Er wählte den anderen Weg. Er schrieb alles auf. Goss das Unerfragte, das Nichtgewünschte in Tausenden Tagen und Nächten in Tausende Worte. Lesestoff für lange Warterei auf Ämtern? Wem hat er sein Werk gewidmet?
Wir nehmen es als Geschenk. War das sein Anliegen? Schenken? Oder hat er, unaufgefordert, aber besessen, einfach nur gemalt, schön, aber unnütz?

Wir danken ihm und beglückwünschen uns, dass es ihn gab. Er wurde eine der Säulen unserer abendländischen Kultur. Mehr wissen wir über ihn nicht.

2015

Bittere Thesen

Die Menge machts. Ein Tropfen überflutet keine Straße, ein Fluss kann Häuser wegspülen.

Vier Menschen können einen friedlichen Tropfen bilden, vierzigtausend können Landstriche verwüsten, Bewohner einer Kleinstadt sein oder irgendeine andere Mehrzahl. Zum Beispiel eine Partei.

Der Name einer Partei ist Schall und Rauch. Das weiß man. Er provoziert Reflexionen, hat aber wirklich nicht mehr Bedeutung als „Kay-Uwe", „Aurelie-Simone" oder „Sepp". Es ist ein Wort. Nichts weiter. Gern genommen werden, sie sind sozusagen Schlager unter den Namen, „demokratisch", „lesbisch und schwul", „pro Asyl", „christlich-sozial", „alternativ" oder sonst was.

Parteien sind Verklumpungen aus Menschen, und Menschen haben immer eine starke Affinität zum Wort. Die Funktionen des Einzelnen (Einzelperson) sind: dazugehören und demütig deformiert mitmachen. Die Partei (juristische Person) ist ihr eigener Eigentümer, ist Angebot und Nachfrage unterworfen wie jede andere Ware auch, verkauft sich oder kauft andere, kauft auch Leute und scheut kein Mittel, das die Haltbarkeitsdauer verlängern hilft. Bei optimaler Betriebstemperatur läuft das alles wie geschmiert. Interaktive Verpuffungen und gute Ernährung sorgen für die nötige Wärme. Und was isst man so? Worte. Hauptsächlich Worte. Die sind schnell leer. Das ist bemerkenswert, hatten sie doch *vor* der Aufnahme in die Partei einen Inhalt.

Vereine, Unionen, Bünde, Bündnisse und Banden, Milizen, Armeen, Parlamente und Staaten sind solche Verklumpungen. Die wichtigsten Verrichtungen sind Behaupten und Überreden. Daneben, je nach Klumpengattung, werden Vernetzung und Korruption beobachtet sowie Gipfel und Sondergipfel. Ins Auge fällt, mit vorsichtiger Hinwendung zum Witz, der alles begleitende Geruch alten Fleischs. Die ans Licht drängende Wahrheit ist: Die Menschheit besteht nicht aus Menschen, sondern aus miteinander wechselwirkenden Quasiorganismen dieser Art. Die allerdings *bestehen* aus Menschen.

Nun sollte man meinen, in den Klumpen herrsche, abgesehen von gelegentlichem Rempeln, Gleichheit unter den Individuen. Das ist eben nicht so, sie wären ja Bazillen. Zwar ruft es aus schlecht gelüfteten und falsch verstandenen Kinderzimmern nach Gleichheit, sogar nach Brüderlichkeit, aber nichts ist dem Menschen unbehaglicher, als einem anderen gleich zu sein. Und eben darin sind wir alle gleich.

Das Großartige am Menschen ist ja gerade seine unbegrenzte Vielfalt. Das aber, gerade das, stört die Unternehmungen der Pakete, die ich weiter oben Klumpen genannt habe. Sie scheitern oder enden im nicht Gewollten. Die Bünde, Verbände, Dachverbände, Parteien und so weiter sind nichts als geschickt etikettierte Lügen von Gemeinsamkeit. Mit einem Wort: Ein Mensch plus ein Mensch sind *nicht* zwei Menschen, so wie ein Apfel und eine Wespe nicht addiert werden können. Was ist unsere Haupttätigkeit? Lügen.

Und in einem Zweiten sind wir einer wie der andere: Wir *sind* nicht, wir *streben*. Nur eben jeder für sich. Wonach? – nach Worten. Wir lassen uns bündeln, stapeln, stempeln, verschnüren, verzurren, verpacken, verstricken, überfahren und verkohlen, wir suchen – ja, was denn eigentlich? Glück? Wir suchen *Glück!* Wir jagen es geradezu, kennen allerdings nur das Wort, das Glück kennen wir nicht. Was man nicht kennt, kann man nicht finden. So streben wir miteinander und, vor allem, gegeneinander fort aus der Gegenwart, in der wir uns nie wohlfühlen, in größeren und immer größeren Schritten (*Fort*-Schritt), immer mutiger und leichtsinniger. Und hinterlassen Verwahrlosung, Entbrüderung, Verwüstung, gestrige Straßenbahnen und unbefriedigenden Weizen, den wir so lange bezüchten, bis seine Körner so groß sind wie Bomben.

Die so inhomogene Menschheit wird natürlich nie *ein* Organismus. Sieben Milliarden Menschen, die im Grunde einer dem anderen im Weg stehen, werden durch kein Wort der Welt ein Organismus, und schon gar nicht ein friedlicher. Giftgas mit hoher Temperatur, das sich selbst giftig ist und durch immer neue Wörter in neuen Worten immer weiter aufheizt. Die Geschichte des Menschen ist die seiner Verklumpungen, der Einzelne war und ist austauschbarstes Atömchen in einer weltweiten Wagenladung von Warenballen, die ich weiter oben Klumpen genannt habe, und kein bisschen geschichtsbestimmend. Dauerkrieg, Dauervertreibung und niederträchtige Dauerausbeutung des Menschen durch den Menschen bis zum Ende, zum grausigen. (Raumfahrt oder seine immer besseren Autos zähle ich nicht zu den Geschichtsmerkmalen. Das sind verstehbare Selbstverständlichkeiten, so etwas wie Maulwurfshügel, die er für seine *Selbst-Verwirklichung* aufwirft.) Sein Verhältnis zu sich selbst und zu seinesgleichen ist nicht vernünftig. Es wird vom *Wort* bestimmt, das schon, aber nur von windigen Emotionen, die das Wort aufruft. Er geht der Wortmusik nach und, gefällig dazu angehalten, auch gern ins Jenseits, wenn er nur mitpfeifen darf. Vernunft, gesunden Verstand, hat er die? Er ist doch ein gesundes Erzeugnis gesunder Evolution. Unglücklicherweise hat die ihn mit egomanischer Intelligenz ausgestattet, arterhaltendes Instinktverhalten ist verloren gegangen. Er will so gern irgendwo dazugehören, ist aber im Grunde asozial. So wird er bleiben, seine Sprachfähigkeit missbrauchen und sich selbst. Ein armes Schwein, aber schuldlos! Das dürfen wir nie vergessen. Er könnte das beste Ergebnis evolutionärer Entwicklung sein, *wenn* er *könnte.* Sie hat ihn gemacht, wie er ist. Hersteller und Hergestellter – *beide* sind schuldlos. Beide können nicht anders.

2016

Rapport

- Und? Hast du alles geschafft?
- Sonst wäre ich nicht hier.
- Du warst auf – E 605.
- Ja. Nicht lange genug. Die Zeit wurde knapp.
- Da leben diese –
- Unter anderem auch die. Ja.
- Wie heißen die noch gleich?
- Verschieden. Sie sprechen ja verschiedene Sprachen. Sehen aber alle gleich aus.
- Ah! Jetzt hab ich's. HM 733, Vielgelenker.

- Tja – Vielgelenker.
- Und was machen die so? Du solltest doch –
- Hab ich ja. Über meinem Bericht steht – der müsste schon im Posteingang liegen. – nein, noch nicht da. Wann waren wir denn das letzte Mal bei denen – vor – hier! Vor tausend Jahren.
- Unsere Jahre oder ihre?
- Die sind bei denen und bei uns ungefähr gleich lang. Steht das nirgends? Na ja, es ist alles, wie wir's schon wissen. Sie bringen einander um und sind guter Dinge. Und sie bauen jetzt anders. Sie *gießen* ihre Häuser. Bis in den Himmel, sag ich Ihnen. Ach ja! Noch was ist mir aufgefallen.
- Steht das in deinem Bericht?
- Nein, *so* wichtig erschien es mir nicht. Aber jetzt, wo ich davon spreche – sie stehen gerne an.
- So? Ja, und was heißt das? Was heißt das für uns?
- Man muss sie anstehen lassen. Sie stehen dann an.
- Hilft uns das weiter?
- Na, denken Sie doch mal: Sie stehen gern an! Das wäre doch eine Lösung.
- Das ist – das ist ja – das tragen wir dem Chef vor. Da lässt sich vielleicht was machen. Das wäre wunderbar, vielleicht auch für sie. – Sie stehen gern an – sie stehen gern an – was sagst *du*?
- Gehn wir an die Arbeit.

2016

Anhang 1 Kowalskyis Traum

Kowalskyi ist mir sehr vertraut, ein zweites Ich. Meinen Traum, fragt er mich, soll ich ihn dir erzählen? Erzähle, sage ich, ich schreib ihn dann in mein Buch. Deine Träume, wenn dir nach Erzählen war, waren immer erzählenswert.

Mein letzter Traum, sagt er, ich hab ihn noch im Halbschlaf repetiert, die Beginn-Bedingungen waren schon unscharf, was ich eben noch gerade so erinnern konnte, war gleich drauf vergessen. Ein ärgerlicher Vorgang, wenn du, Verlust für Verlust, nur zusehen kannst. Ich war schon wacher und sagte zu mir: Erzähle dir jetzt, was du erinnerst, erzähle es zweimal, dreimal, viermal, dann steh auf und erzähle es *noch* mal. Und jetzt bin ich hier. Also höre.

Claudia und eine Freundin – eine von beiden versucht unter Bewundern und mit lachender Mühe, meine Beine zu bremsen. Ich, auf dem Rücken liegend – du kennst die Übung ja auch – , bin viehisch stolz auf meinen Widerstand, sie schaffts nicht. Beide haben ihre beiden kleinen Söhne dabei. Eine Tragehilfe (ein offener tragbarer Sitz für ein Kind) – ist es *ein* Gurt, ringförmig vernäht, oder sind es zwei Gurte? Darüber streiten die Frauen. Ich muss in den daneben befindlichen Raum, das ist die Toilette. Während ich harne, sitzend, kommt die Freundin, geht ostentativ an mir vorbei zum Fenster und sagt: Es ist ein einziger Gurt, zum Ring vernäht. Sie wird schlank sein, unwichtig bekleidet, mit in blonden Wellen fallendem Haar, aufregend modern gleichgültig und stark anregend. Das Gesicht: das von, du weißt schon, nur ohne „sei mein“ oder „ich will dich“ … sie wendet sich zur Tür, verharrt vor mir, sieht mich an und setzt den Weg fort. Ich habe eine halbe Erektion, stehe auf, sie wendet sich um, da stehe ich, *da* steht *sie* – bestätigt und wortlos, wendet sich zur Tür, und ich sage, ohne rasendes Begehren, nur erwärmt durch ihr Dasein: Komm wieder. Und ich bin, im Traum, verstehst du, sehr angetan. Sehr froh. Jetzt noch. Neulich habe ich sie – Nein, Kowalskyi, erzähle mir *das* nicht, das weiß ich ja selbst.

Kowalskyi denkt jetzt nach: Ich will nicht schwülstig werden, denkt er. Ich erfahre es ja nicht zum ersten Mal: Nicht *ich* bin es, der sich an etwas erinnert, *etwas* erinnert mich an etwas. Aufrufen kann ich dieses *etwas* nicht. Zwingen schon gar nicht. *Wer* ich bin, weiß ich. Mit Worten! *Was* ich bin, weiß ich *nicht.* Doch nur Maschine?

Mein – Betriebssystem (Neuronen (Hirn, Nerven, Ganglien), endokrine und neuroendokrine Sekrete, Immunsystem (mit Eigenintelligenz), Metabolismus …) bin ich *nicht.* Es steuert alle chemisch-physikalischen Prozesse in meinem Körper, der im Grunde nichts ist als eine ganz gut funktionierende Fabrik.

Und: Es steuert meine Gedächtnisse, die ich alle zusammen für meine Seele halte: Gedächtnisse für alles, was ich jemals erlernt oder erlebt habe, Prozeduren und Personen, Erfahrungen, Freuden, Kümmernisse und Schlüsse. *Es* steuert. *Es* bestimmt. Meine Seele – das ist verdunkelter Bühnenhintergrund. Auf der Bühne tummle *ich* mich. *ICH,* das nachdenkt über sich, plant, spricht … mein Bewusstsein, angetrieben von ihr, der Seele; sie aber auch benutzend, befragend und Denkzeuge entnehmend, die ich für die Verrichtungen des Tages brauche. Gleichzeitig schleudert sie Namen, Sätze, Melodien, Ereignisse, stehende und bewegte Bilder (häufig längst Vergessenes) in mein Bewusstsein, beliebig, zufällig, oft ohne Beziehung zum Jetzt – Hintergrundrauschen … am Tage erlebbar, im Schlaf Traum. Was *ich* mit *ihr* anstellen kann, ist so wenig, ich finde es nicht. Indirekt bestimme ich allerdings ihr – Wetter. Habe ich in meinem Tun Erfolg, klart sie auf. Misserfolgen folgt Düsternis. Die seelischen Turbulenzen und Tänze der Seele sind das Ergebnis von Prozessen im Betriebssystem. Das seelische Wetter ist mein Gemüt, Folge meines Tuns und meines Einverständnisses mit mir selbst oder meiner inneren Zerrissenheit. In geringem Maß ist meine Seele mein Werk, nicht aber die in mein Bewusstsein regnenden Gedächtnisfetzen.

„Seele“, „Betriebssystem“ – und „Ich“? Was ist *das?*

Zwischen den drei Polen *Betriebssystem*, *Bauwerk* und *Seele* ist ein unermesslich dichtes Netz von Wirkungs- und Gegenwirkungsspektren aufgespannt. Interferenzen, Gradienten, Dichten … und parallel dazu pausenloser Aufbau, Abbau, Wegschmiss und Mülltransport … in diesem Meer von virtuellen und materiellen Prozessen, an einem Ort koordinatenloser Überlagerung von Zuständen, flackert unsicher ein Lichtlein, heller, dunkler … erlischts? Rappelt es sich? Das bin ICH. Virtuelles, über sich und die Welt nachdenkendes ICH.

Wenn das so ist, dann wundere ich mich über gar nichts mehr. Ich, megakomplex tripolar und vielzellig organisch strukturiert, auf seltsame Weise erkenntnisfähig, unverstehbar, unverstanden und vergänglich: Ich, Jengien Kowalskyi.

2016

Anhang 2 Lücken

Eine erfreuliche Folge der Denkfähigkeit ist das Nachdenkenkönnen. Nachdenken setzt Erinnern voraus. Erinnern setzt Gedächtnis voraus und etwas, das sich des Gedächtnisses bedient. Dieses Etwas nennen wir „Ich", sofern es neben der Fähigkeit zum Denken über eine weitere Fähigkeit, die Fähigkeit zur Selbstbetrachtung, verfügt, die ihrerseits wieder eine Funktion des Gedächtnisses ist, und eine dritte, die Fähigkeit zur Sprache.

Wenn der Mensch denkt, oder besser, wenn es im Menschen denkt, jeder weiß, was ich meine, kann ebendieser Mensch seinen Spaß haben (sieh mal an, daran habe ich überhaupt nicht mehr gedacht) oder seinen Ärger, weil ihm das, was er eigentlich bedenken will, nicht einfällt. Zwangsläufig folgt auf diese Weise dem Denken das Nachdenken, das ist Suchen (nach dem Problem, seiner Lösung, nach klarer Sicht, nach klarer Sprache ...) oder *Ver*suchen, Vergleichen, Verwerfen, Hoffen ...

Das alles ist Denkarbeit. Keine Arbeit dagegen ist das, was die Alten Meditieren genannt haben: Versinken, sich von sich entfernen ... Der Meditationsersatz des eingebundenen Existierens sind äußere Urlaube, arbeitsrechtlich zugesagt und immer gern verbracht. Uneingebundenes Meditieren ist innerer Urlaub, Entpflichtung, in der höchsten Form bis zur Entselbstung.

Nachdenken ist mit Vergeblichkeiten verbunden: Das Gedächtnis ist ja lückenhaft. Kann man es trainieren? Man kann. Seinen prinzipiellen Makel beseitigt man dadurch nicht. Andererseits, welche Last trügen wir durchs Leben, wenn unser Gedächtnis jedes Detail unseres *Er*lebens bewahren würde. Jedes Erleben ist ja von unzähligen Details bestimmt, das sind nicht nur die sogenannten Begleitumstände, das sind vor allem Details des eigentlichen Erlebnisses: eines Gesprächs, einer Bewegung, einer Reise ...

Unser Gedächtnis funktioniert in drei Ebenen: dem Ultrakurzzeitgedächtnis (maximal 20 s), dem Kurzzeitgedächtnis (maximal 1– 2 h) und dem Langzeitgedächtnis (Dauerspeicher).

Die haben sich im Verlauf der mehrere Milliarden Jahre dauernden Evolution lebender Materie herausgebildet, einer Evolution übrigens, die nicht von irgendeinem Wollen bestimmt war (und ist! Sie wirkt bis zum Ende allen Lebens), sondern auf der Grundlage des alles in allem vernünftigen Prinzips, Taugliches zu bewahren und Untaugliches sich selbst und dem Verlorengehen zu überlassen.

Oben habe ich geschrieben, Nachdenken ist mit Vergeblichkeiten verbunden. Jetzt füge ich hinzu: Und mit Ärger. Was war denn nun und was war nicht? Habe ich die letzte Tablette eingenommen oder nicht! Hinter der Uhrzeit ist ein Häkchen, in der Schachtel der ungeschluckten ist aber eine zu viel. Welches der drei Gedächtnisse hat versagt? Ärgerlich.
Wozu der ganze Text? Ärger hält wach und regt zum Nachdenken an. Übers Nachdenken nachdenken neutralisiert ihn oder richtet ihn auf ein anderes Objekt; kann ich jedem empfehlen.

2017

Anhang 3

Den schick ich nicht in die Schule. Da lernt er nichts Richtiges, er muss selbst draufkommen.
Und schickt ihn in die Wüste.
Aber das wird doch nichts!, wollen die meisten rufen. Das wird nichts, Herr! Er wird alles falsch machen. Er wird die falschen Pflanzen essen und Krämpfe kriegen, seine Frau kann ihm nicht helfen, sie kennt die Kräuter ja nicht – Herr! Er *hat* ja keine Frau!, wollen sie rufen – Herr! Der Herr sieht sich um. Alles ist gut. Es regnet, wenn es regnen soll, die Sonne geht auf, geht unter, wie er sich das gedacht hat, aber der da – he! He, du da!
Der da hat nichts gelernt, versteht nur wenig. Sowas versteht er, hats oft genug gehört, noch auf der Baustelle: He, dreh dich mal um, ja, so, gut – und jetzt lächle! Ja, das meine ich. Geh jetzt mal ein paar Schritte, tuts weh? Ja? Dann mach ich noch ein Knorpelchen rein. Hier, so, versuch noch mal, gut?

Verstanden hat er. Gesprochen? Nein, gesprochen hat er nie, hatte ja nichts zu sagen. Ah ja, doch! Einmal gab ihm der Herr die Gelegenheit, was zu sagen, oder eher, die erwartete Antwort zu sagen. Sie war – „Ja“. Alle antworteten ja mit Ja.
Auf den Ruf „He, Du da“ gab es die eine Antwort nur: Ja?
Komm mal her!
Die begleitende Handbewegung kennt er. Er kehrt um.
Der Herr mustert ihn, geht um ihn herum …

– Wie fühlst Du dich?
– Ja, Herr.
– Quatsch. Antworte auf meine Frage! Wie geht's dir!
– Ich – (woher kommt ihm denn *das*?). – – Ich –
– Na, ich merke schon … sprich mir mal nach: Ich fühle mich wohl, Herr. Sprich!
– Ich fühle mich wohl, Herr.
– Gut! Wenn's stimmt. Und jetzt sage: Du hast mich gerufen, Herr. Na los!
– Du hast mich gerufen, Herr
– Warum wohl! Sprich!
– Ja, Herr – Ich, Herr –
– Na?
– Ich, Herr – ich war schon auf dem Weg, Herr, auf dem Weg in die Wüste, Herr, wie Du mich geheißen hast, und ich sah eine unermessliche Einsamkeit, Herr, und ich hatte niemanden neben mir und ich fühlte, Herr, ich fühlte: Ich weiß nichts, ich kenne nichts, kann richtig von falsch nicht unterscheiden, wer lindert meine Krämpfe, Du hast ja auch, warum aber?, *Giftiges* erschaffen.
Die Wüste, Herr, und ich – wohin? In mir, Herr, ist kein Begehren, kein Wunsch, kein Beruf … was soll ich tun, Herr, was ist – meine – Pflicht?
– Du bist schon einer, ich habs geahnt. Und wie Du sprichst! Wer hat dich gelehrt, in Sätzen zu sprechen? In Worten, die nicht mal Ich kenne!
Komm weiter weg. – Sag mir unter vier Augen, es muss ja nicht jeder hören, was wir besprechen – nein, sag es nicht, hör einfach zu.
Jetzt, Adam, nachdem ich dich gemacht habe, die Krönung meines Tuns – diese Leere, in der es, unter uns, nicht auszuhalten war, die ich füllen musste mit ETWAS, damit es eine WELT werde, verstehst Du – jetzt habe ich nichts Wichtiges mehr zu tun. Grässlich.
Ich bin klug genug zu ahnen, was kommen wird. Sie reden schon hinter meinem Rücken, sind meiner Herrschaft müde, Adam, kannst Du begreifen, was das bedeutet? Für Mich? Für Dich? Für die WELT? Sie streben nach Fraktionierung, nach Bezirken, nach Parteien und Behörden … der Schlimmste von allen ist – nein! DER Name kommt mir nicht über die Lippen! Ach Adam! Ich hatte niemanden, den ICH

fragen konnte. Es ist wahr: ICH *hatte* kein Modell für die Welt, die ich schaffen musste, die ICH geschaffen *habe,* und weiß Gott, die mir in Einzelheiten so wenig gefällt wie Dir.

Ich bin allein, Adam, wenn Du gehst.

– Herr, Du hast es so befohlen und ich gehorche. Du hast mich erschaffen, wie ich bin, und ich merke: Ich habe eine Seele. DAS bin ich, und ich kann nicht anders, ich muss auch meiner Seele gehorchen.
Sie ist, Herr, Dein Werk. Es muss wohl gut sein, wie es ist, denn es ist DEIN Werk. Ich werde einsam sein. Du sprichst vom Alleinsein, vom Unnotwendigwerden, Du weißt vieles. Mir ist es unbekannt, mir sind es Worte, nur Worte. Ich muss jetzt los, Herr, es wird dunkel und ich kenne keinen Weg.
– Warte! – Nimm das da mit. Nimm es mit.
– Was ist das?
– Eine Gefährtin.
– Kann sie sprechen?
– Leere Du es sie.
– Und wenn sie spricht, Herr, was wird sie sagen?
– Sie wird es Dir sagen.
– Was werden wir tun in der Einsamkeit, ohne Dich?
– Werdet Freunde, liebt einander. Versucht, einander zu lieben. Ihr müsst es versuchen. Freundlich, als *Freunde! Und* liebend, *in Liebe!*
Eins soll nicht sein ohne das Andere, das ist MEIN Wille.
Du wirst erfahren, was auch Ich erst lernen musste: Mit allem Neuen entstehen auch neue Gesetze. So wird es mit der Liebe sein, mit der Freundschaft … mit allem, was es nicht gab, dann aber gibt. Sei vorsichtig beim Erfinden, aber sei noch vorsichtiger bei allem Planen, denke immer an das, was ich dir über Mich mitgeteilt habe. Ich vertraue Dir. Komm her, Mädel!
Sprich mit ihr, Adam!

*

– Du siehst gut aus.
– Du auch, Adam.
– Wie heißt du?

- Ich werde heißen, wie Du mich nennst. Gib mir einen Namen, Adam.
- Ich nenne dich Eva, das ist Leben. In Dir und durch dich will ich sein, du mein Geschenk. Eva – ich will versuchen, dich zu lieben. Vielleicht – liebe ich dich schon? Ist *das* Liebe?
- (Sieht erfreut auf ihn:) Oh Adam, ja! Liebe mich, liebe mich! Jetzt!
- (Der Herr:) Nein! Nicht hier! Tut es in den Wüsten, in den sonnigen Auen der Flüsse … liebet einander in den Nächten, nach der Arbeit, die schwer sein wird. Ihr braucht ja Dächer, Zimmer, Lampen, Herde und Nahrung, Nahrung, Nahrung. Tut es, Kinder, und geht. Ihr seid jetzt frei.
- Komm, Eva.
- Ich komme, Adam.

*

- (A und E synchron:) Wir lieben Dich, Herr!
  Sei mit uns, wo wir auch seien.
- Geht in Frieden. Ich, der HERR werde bei Euch sein in den Weiten der WELT, die auch Ich eines Tages erfahren werde – (zu sich:) oh Gott, Tränen … (und wendet sich ab) geht! Geht!
- (A und E synchron:) Wir Menschheit, oh Herr, wir umarmen Dich, unseren Vater. Und Freund?
- Zweifelt nicht an mir! Zweifelt nie an mir! Ja, Freund auf immer!

*

- Es wird Abend, Eva.
- Ja, Adam. Es wird Abend und die Grillen zirpen.
- Grillen? In der Wüste?
- Vielleicht irre ich mich.
- Wir dürfen uns nicht irren.
- Adam?
- Eva?
- Sieh mich an!
- Ich sehe dich an, Eva. Ich liebe dich, sieh nur!
- Ich sehe es, oh Adam. Ich liebe dich. Komm!

– Dass es doch ewig so bliebe, Eva.
– Bis in alle Ewigkeit, Adam.

*

– Dass wir es nie missbrauchen, Eva.
– Dass wir es ja nie missbrauchen, Adam. Ich bin schwanger.
– Eva, Liebste! Das Zweite!

*

– Sie rufen nach dir, Eva. Wo bist du!
– Wo bist *du*, Adam, der du mich so fragst!
– Ich schneide die Hecke, kann nicht weg hier.
– Die Hecke? Ist die jetzt wichtig?

*

– Wo warst du, als es hier brannte!
– Ich war im Krieg.
– Ja, im Krieg. Hast Glück gehabt. Und der Krieg, musste der sein?
– Befehl ist Befehl, jetzt aber wird alles anders. Wir bauen eine neue Zukunft. Ohne Krieg. – Und jetzt ein Bier … bringst du mir eins?
– (Bringt das Bier.) Hier! Suffkopp.
– Komm her!
– Jetzt? Hier?
– Komm schon, hab dich nicht so.

*

Liebe? Mechanik! Selbstbehauptung! Frauen heiraten Frauen, Männer Männer … Wo bist du, Adam? Und du, Eva, wo bist *du*?
Ah, das ist Eva. Eva, wie geht es dir?
– Ich fühle mich wohl.
Und da ist auch Adam. Adam, was machst du so?
– Ich fühle mich wohl.
Ach Ihr!

*

- Es fing doch erst an, Vater.
- Ach, Sohnemann! Zu spät für einen zweiten Versuch.

*

- (Adam:) Schöne Scheiße.
- (Eva:) WAS ist aus uns geworden!
- Ich hab von IHM geträumt.
- Träume sollen ja wahr werden.
- Er hats anders gemeint, ganz am Anfang.
- Gemeint, gemeint! Gekonnt hat er's nicht.
- Kann man so sagen. Ist nicht allmächtig. – Mächtig? Kann sein. Aber machtlos.
- Wo mag er jetzt sein. Im Himmel ist kein Platz mehr. Am Rand irgendwo?
- Am Rand des Himmels – gut gesagt, Eva. War fast immer gut, was du gesagt hast, Eva.
- Und wir?
- Ach! Wir!

2017

Anhang 4

Sag mal, Jesus, mein Kind, wie soll ich das verstehen.
Nur dieser Satz ist übrig. Träume werden sehr schnell vergessen. Aber dieser Satz geht mir noch beim Zähneputzen durch den Kopf. Jesus, mein Kind, wie soll ich das verstehen.
Der Gefragte sagte aber ungefähr das: Ich geh mal, Vater, es ist schon so lange her, ich hab's fast vergessen. Und kam zurück und sagte: Ich erkenne es kaum wieder, da war einer dran. Warst du das; Vater?
Denn es hatten Regen, Fröste, mancherlei Bewegungen der Erdkruste,

Schimmel, Rost, Pocken, Überschwemmungen, Mutationen, Ängste und Erfindungen wie die des Schießpulvers und des schnellen Essens im Stehen Veränderungen bewirkt. Nicht nur, dass diese erdfarbene Zufriedenheit weg war (die hatte sich so ergeben, damals, aus bildhauerischem Ungeschick eher als aus Notwendigkeit), es hatten die Vorderseiten der Köpfe jetzt etwas Borniertes, und sie plapperten über nicht Wichtiges und kamen aus Banken oder schnellen Universitäten und waren bekleidet, kurz: Sie waren nicht mehr erfreulich und liebten einander nicht.
Soll ich alles glatt machen?
Nicht doch! Lass es, wie es ist. Es gibt Wichtigeres.
Und es zuckten Blitze aus der Wirrnis da unten. Und es breitete sich ein großer Rauchpilz aus. Und es geschah, dass Vater und Sohn in ihrem Antlitz erstarrten. Und der Sohn sprach abermals: Ich mach's glatt, Vater.
Und Gott sprach: Als Traum war es gut. Es war auch gut, als es schon Skulptur war. Es nahm sich auch noch gut aus auf kleiner Bühne. Mein Fehler ist groß. Warum musste ich versuchen, mich mit *seinem* Hirn selbst zu übertreffen! Was soll ich jetzt tun? Mein Gott, was soll ich tun?

2003

Anhang 5

- Wer sind Sie?
- Wir sind von der Erde.
- Wer wir!
- Nun – sechs Personen. Wir haben einen Maschinenschaden.
- Ah – so – was ist das: Erde?
- Wie Sie fragen – wo sind wir hier, wer sind Sie?
- Ich bin Der Herr.
- Der Herr? Wir verlieren Zeit. Verstehen Sie, wir brauchen Hilfe bei einer größeren Reparatur.
- Ich merke, *du* verstehst nicht, mein Sohn. Du bist hier beim Herrn. Das bin Ich.
- Schon gut. Können Sie uns helfen?
- Geht das nicht in deinen Kopf? Was willst du überhaupt!

– Sie verstehen *mich* nicht. Wir haben einen Schaden am Triebwerk.
– Warum kommst du damit zu mir?
– Sie sind der einzige, der uns
– Bin ich das?
– Helfen Sie uns!
– Ich verstehe nichts von alldem. Am – wie sagtest du?
– Am Triebwerk, Mann!
– Am Triebwerk, am Triebwerk – wozu braucht ihr das! Was ist das?
– Schluss jetzt! Sagen Sie mir den Weg zum Stützpunkt!
– Du befiehlst MIR?
– Also – das ist – Sie helfen uns nicht?
– Ich kann Wasser aus dem Felsen schlagen.
– Sie sind verrückt! Wir haben Wasser.
– Mehr – kann ich nicht.
– Fahr zur Hölle! Aber trotzdem – wir kommen hier nicht weg. Die Maschine ist im Arsch.
– Wo wolltet ihr denn hin?
– Nach Haus.
– Das ist hier.
– Jetzt – was fällt Ihnen da ein? Sagen Sie mir, bitte!, wo finde ich hier andere Menschen! Bitte!
– Ich weiß nicht. Ich weiß nichts. – Ich bin der Herr.
– So geht das nicht. Hallo, Kameraden! (fernes Antworten)
– Ich lasse Sie jetzt allein. Leben Sie wohl, alter Mann.
– Leben Sie wohl?
– Jaja! Also dann! (geht)
– Leben Sie wohl, hat er gesagt.

2007

Anhang 6 Zu GU

Ich, Kowalskyi, hätte zu diesem Thema anders geschrieben. Die ersten Sätze gehen ja noch an, dann aber Das Nichts, in allem ist auch Nichts … und dann auf Gott kommen – das hat was Gewolltes und macht auf mich den Eindruck von Eintopf mit falschen Zutaten.
Gott – das WORT ist in jedem, da stimme ich ihm zu. Was er *dazu* schreibt, finde ich auf eine gewisse Weise ganz gut. Kein GOTT, der Kathedralen braucht, der Religion braucht, einen Bischof, das Abendmahl … Nein. Etwas ganz anderes. Er nennt es *Allseele.*
Der ergänzende Teil des Ichs, das Unter-Ich? Oder ein Teil des Haupt-Ichs? Oder ein zweites Ich, nein, DAS zweite Ich, in dem sich auch ein klitzekleines Teilchen Gottes aufhält, mit dem freundlichen Merkmal eines Wunschbriefkastens, aus dem ohne Verzögerung Antworten flattern?
Halt!
Etwas ist mir und allen vor mir entgangen: Es gibt kein erstes und kein zweites Ich. ICH, das ist EIN dynamisches, bipolares Ganzes. Pol und Gegenpol, dialektische Einheit ein und desselben Phänomens, des Bewusstseins, meines einzigen Ichs. Tiefer liegendes, über das ich nicht bestimmen kann (es über mich *schon)*, habe ich in „Kowalskyis Traum" Seele genannt.
Der (wache) Mensch ist in jedem Augenblick Frager und Antworter, Freund und Gegenfreund, Jasager und Neinsager. Anders ist Nachdenken ja gar nicht denkbar und nicht erklärbar. (Meine inneren Gespräche führen Kowalskyi mit Gegenkowalskyi, den ich Schmid nenne, und Schmid mit Gegenschmid, den ich Kowalskyi nenne. Schmid und Kowalskyi sind sie, nebenbei gesagt, nur im Rahmen dieses Buchs. Im normalen Leben sind sie beide einfach nur *ich.*
Diese Polarität ist die einzige Gewähr für seelisch-dynamische Stabilität, wie ja dynamische Prozesse in belebten Systemen überhaupt nur dann in bestimmten Grenzen stabil verlaufen, wenn Gegensätze durch einen oder mehrere Regelkreise zu einer Zielfunktion führen. Die „Zielfunktion" meiner Dipolarität in einem gegebenen Augenblick ist das Ergebnis der Milliarden Jahre dauernden Evolution lebender Materie und immer ein Kompromiss.
(Aus dieser Dipolarität unseres Ichs sind, durch falsches Deuten inneren Dialogs, Bosheit, Gift, Lüge und angemaßte Kompetenz in die Welt gekom-

men, gesellschaftliche Klüfte und Krieg und Krieges-Kriege, da der Mensch frühzeitig und trugschlüssig den schnellen Einfall hatte, das Andere, mit dem er inwendig palavert, müsse Gott sein. Und nicht nur das. Sondern „SEIN“ Gott!)

Wenn äußere Störungen ein bestimmtes Maß überschreiten, alterniert das Ich zwischen den Polen und neigt zu Forderungen an den augenblicklich Passiveren. Mach, dass endlich der Bus kommt, mach, dass ich eine Toilette finde, mach, dass es endlich regnet wegen der Dahlien … mach schon! Ein Notfall!

In der letzten Stunde zerfällt es. In ein leidendes und ein gewährendes oder ablehnendes. Wir beten, seufzen. „Lieber Gott, mach, dass ich nicht umsonst gelebt habe! Mach, dass ich glücklich war!“ – Dann stirbt auch Gott.

2017

Anhang 7 Über Mode, 4

So, wie einige Politiker selbstgefällig über Tage oder Wochen das immer gleiche unpassende Modewort in ihre sprecherischen Absonderungen mischen, so verlässlich wechseln sie nach angemessener Zeit zu anderen (oder vergewaltigen falsch verstandene Metaphern). Verlässlich wie gut gepflegte Maschinen. Vor zwölf Wochen war es das Ende der Fahnenstange, dann war eine Zeit lang irgendwas nicht ihre Baustelle, heute haben sie irgendwas nicht auf dem Schirm … widerlich. Keine Berufsgruppe, die durch Sprache wirkt, bedient sich so ärmlicher Sprache.

Andere, aus demselben Stall, plappern eine Weile nach, dann plappert es auf der Straße, ebenso vorübergehend.

Kowalskyi und ich sind übereingekommen: Die Mehrheit der Leute wäre in exterristischen Zoos gut statt Affen zu halten.

Neulich habe ich einem, der mich verletzt gefragt hatte, was ich denn gegen die Fahnenstange habe, er benutze ja dieses Wort auch, keine Antwort geben können. Maßregeln wollte ich ihn nicht, die unverblümt brutale Antwort: Du bist eben *auch* bescheuert, erschien mir noch ungünstiger.

Es muss *daran* liegen: Witze veralten und werden vergessen. Aber warum, um Himmels willen, wenn einer nicht weiß, was er zitiert, warum mischt

er das dann in seine Rederei? Er weiß nicht, dass er es nicht weiß, er macht gern nach, er geht mit der Mode.
Kowalskyi und ich, wir schreiben den Fahnenstangenwitz hier auf. Wir haben ihn vor vierzig Jahren kennengelernt.

- Da steht ne Stange. Sieh mal!
- Ne Fahnenstange.
- Und kuck mal! Ganz oben hängt n Zettel.
- Ja, stimmt, n Zettel.
- Was wird da wohl draufstehn?
- Kletter hoch, dann wirstes wissen.

Der klettert hoch und ruft von oben.

- Jetzt weiß ich's!
- Und? Was steht drauf?
- Ende der Fahnenstange.

2017

Kehraus

Zettel liegen noch rum, es wird dunkel. Wir beenden unsere Arbeit an diesem Buch, das solchen Namen nicht verdient, mit einem Gedicht, das wir irgendwo gelesen haben, das unverstanden geblieben ist und immer falsch gedeutet; wir vermuten, das ganze Gedicht ist falsch, bei aller Großartigkeit, aber falsch im richtigen Moment und ohne Refrain.

Herz mein Stein

J. S. & J. K., 27.07.17